# 華厳経入門

木村清孝

角川文庫
18987

# 華厳経入門　目次

## 第一講　『華厳経』と現代



## 第二講　『華厳経』のあらまし



## 第三講　学びの伝統

図版制作・村松明夫

# 第一講　『華厳経』と現代

## 1　『華厳経』とのふれあい

### 「華厳」の読み方

初めに、『華厳経』という経名の読み方についてですが、「ケゴン」のケは、たとえば中華人民共和国の「華《か》」、ゴンは厳格とか厳密というときの「厳《げん》」です。ですから、現在一般に用いられている音、つまり漢音で読めば、「カゲン」と読まれます。ところが、おそらくほとんどの日本人は、この字を見ると、「カゲン」とは読まず、「ケゴン」と読んでくれるのではないかと思います。

考えてみると、これはどうも多分にあの有名な日光《にっこう》の「華厳《けごん》の滝《たき》」のお陰のようです。日本の名所として華厳の滝があり、多くの日本人が修学旅行や観光旅行で一度はそこを訪れているであろうことが、「華厳」の読み方を定着させるのに、大いにあずかって力があると思われます。私たち『華厳経』の研究者は、華厳の滝にまず感謝しなければなりませんまい。

## 「光の仏」

ところで、この華厳の滝の「華厳」は、いうまでもなく、本書の主題である『華厳経』から来ております。しかし、『華厳経』とはどういうお経ですか、と問われて、明確に答えることのできる人は少ないかもしれません。けれども、実は私たちの多くは、それとは気づかずにこの『華厳経』の世界に親しくふれているのです。

たとえば、奈良観光の焦点の一つであり、童謡にも歌われる「奈良の大仏」があります。この大仏は、正式には毘盧舎那《びるしゃな》仏《ぶつ》・盧舎那《るしゃな》仏《ぶつ》・遮那《しゃな》・びるさな・るさな、などと呼ばれておりますが、どれも古代インド語であるサンスクリット語のヴァイローチャナ（Vairocana）の音写、またはその省略形で、いわば「光の仏」を意味しております。そこで意訳して、「遍一切処《へんいっさいしょ》」（あらゆるところに現れる仏）、「光明遍照《こうみょうへんじょう》」（すべてを照らし出す光の仏）などともいいます。のちにインドで七、八世紀頃から盛んになり、中国・日本にも伝えられる密教において大宇宙の根本の仏とされる大日如来《だいにちにょらい》も、この仏から展開したものです。原語ではマハーヴァイローチャナ（偉大なヴァイローチャナ）と称します。この太陽の光のはたらきに喩《たと》えられる盧舎那仏（ヴァイローチャナ仏）こそ『華厳経』の教主であり、それを『梵網経《ぼんもうきょう》』*1の構想の助けを借りて具象化したのが「奈良の大仏」です。ですから、「奈良の大仏」にお詣《まい》りするということは、『華厳経』の教主を拝んでいるということなのです。

「三帰依文」と「懺悔文」

また、仏教の信者であればもちろんですが、そうでなくとも、仏事に参加したことのある方なら、次のようなことばが僧によって唱えられるのを聞いたり、あるいは自らともに唱和したりされた経験がおありでしょう。すなわち、

自帰依仏《じきえぶつ》　当願衆生《とうがんしゅじょう》　体解大道《たいげだいどう》　発無上意《ほつむじょうい》
自ら仏に帰依したてまつる。まさに願わくは衆生とともに、大道を体解して、無上〔の〕意を発《おこ》さん。
自帰依法《じきえほう》　当願衆生《とうがんしゅじょう》　深入経蔵《じんじゅきょうぞう》　智慧如海《ちえにょかい》
自ら法に帰依したてまつる。まさに願わくは衆生とともに、深く経蔵に入りて、智慧《ちえ》海のごとくならん。
自帰依僧《じきえそう》　当願衆生《とうがんしゅじょう》　統理大衆《とうりだいしゅ》　一切無礙《いっさいむげ》
自ら僧に帰依したてまつる。まさに願わくは衆生とともに、大衆を統理して、一切無《む》礙《げ》ならん。

という「三帰依文《さんきえもん》」がそれです。初めの詩句（偈《げ》、または偈文《げもん》といいます）の中の「無上

意」は「無上心」と代えて読むところもありますが、これは『華厳経』の「浄行品《じょうぎょうぼん》」という一章から抜き出され、単独に流布してきたものです。その過程で、原文からは若干離れた読み方・受けとり方がなされるようになりました。すなわち、たとえば初めの偈の第二句以下は、本来的には「まさに願わくは、衆生の大道を体解して無上意を発《おこ》さんことを」と読むべきもので、「〔菩薩《ぼさつ》は〕かならず、衆生が仏の大いなる道を理解・体得して、この上ない心を発すようにと願う」という意味なのです。これが、私たちの誰もが衆生の一人として、衆生とともに願う誓願のことばとなっているわけです。

**盧舎那仏坐像の台座蓮弁毛彫**（部分）
（東大寺大仏殿）

もう一つの例を挙げますと、

**我昔所造諸悪業《がしやくしよぞうしよあくごう》**
我れ昔より造れる諸《もろもろ》の悪業は、
**皆由無始貪瞋癡《かいゆうむしとんじんち》**
みな無始の貪《むさぼ》りと瞋《いか》りと癡《おろ》さとに由《よ》る。
**従身口意之所生《じゅうしんくいししよしよう》**
身と口と意《こころ》とより生ずる所なり。
**一切我今皆懺悔《いっさいがこんかいさんげ》**

一切を、我、今、みな懺悔したてまつる

という「懺悔《さんげ》文《もん》」があります。自分のはるかな過去からの罪深さを告白し懺悔して身心の浄《きよ》まることを念ずるこのことばは、法要の始めなどに唱えられ、先の三帰依文などと同じく私たちに親しいものですが、やはり『華厳経』から出ております（ただし、この語を含むものは『四十華厳』と略称される特徴的な『華厳経』です。詳しくは後述いたします）。このように、私たちはそれと意識せずに『華厳経』の教説に接しながら生活しているわけです。

## 美術品を通して

そのほか、日本が豊かになり、文化情報が世界を駆け回り、交通が飛躍的に発達してきた今日では、内外の『華厳経』に関連する仏教美術に関心を抱き、さらには実際にご覧になった方も少なくないでしょう。

たとえば、奈良・唐招提寺金堂《とうしょうだいじこんどう》の盧舎那仏乾漆像や、中国・龍門石窟にある大きな石像の盧舎那仏は、それぞれの風土と時代の中で生まれた『華厳経』の教主像です。また奈良・東大寺《とうだいじ》所蔵の「華厳五十五所絵」は、『華厳経』の末尾を飾る「入法界品《にゅうほっかいぼん》」という一章の主人公、善財童子《ぜんざいどうじ》の修行の旅を美しく描き出しています。さらに、独特の聖空間、いわばマンダラの世界を表現するインドネシア・ボロブドゥールの第二回廊主壁の浮彫の主

**善財童子の求道の旅の一コマ——ボロブドゥール遺跡回廊より**
(写真提供：アジア文化交流センター)

題も、同じく善財童子の求道物語です。『華厳経』は、このような芸術作品という形を通じても、私たち日本人のみならず、アジアの人びと、世界の人びととの心とふれあい、交わりあってきているといえましょう。

## 2 『華厳経』から学ぶもの

### 存在するものは心の表れ

『華厳経』は、要約すれば、仏のさとりの世界とそこにいたる道を説き示すことを意図しております。それだけに、『華厳経』には、私たちのいわゆる常識や分別では理解できない独特の考え方がしばしば現れます。しかも、それらが『華厳経』の内容を知る上で重要な鍵となっております。

では、そういう考え方とは、具体的にはど

のようなものでしょうか。

思うに、その第一は、「存在するものは、すべて心の表れである」という思想です。この思想自体は、哲学的には四世紀以後、インド大乗の瑜伽行派《ゆがぎょうは》*2の人びとによって大成されるもので、一般に「唯識思想」と呼ばれております（もっとも、かれらの思想の間には、その宗教的な本質に関してはかなり異なるところがあるようです。しかし、いまはこの問題には立ち入りません）。『華厳経』には、その「唯識思想」の根本的な押さえ方が随所に見られるのです。

ただし、このことは、唯識思想が『華厳経』のそのような思想を全体的に承《う》けて体系化した、という意味ではありません。たとえばヴァスバンドゥ（Vasubandhu 世親、天親、三三〇―四〇〇頃）が書いた唯識思想の綱要書ともいうべき『唯識二十論』では、『十地経』、すなわち、「十地品」として『華厳経』に組み込まれるにいたる一経典の唯識思想が教証とされているだけです。ともあれ、次に具体的な教説の例をいくつか挙げて考えてみましょう。

たとえば第十六章の「ヤマ天宮の菩薩たちの詩の章」を見ますと、如来林菩薩《にょらいりん》の詩句の一節に、

**心は工《たく》みなる画師の、種々の五陰《ごおん》を画《えが》くが如く、一切《いっさい》の世界の中に、法として造らざる無し。**

心の如く仏も亦《ま》た爾《しか》り。仏の如く衆生《しゅじょう》も然《しか》り。心と仏と及び衆生と、是の三に差別《しゃべつ》なし。諸仏は悉く《ことごと》一切は心より転ずと了知《りょうち》したもう。若《も》し能《よ》く是の如く解せば、彼《か》の人は真の仏を見ん。

心は、巧みな画家がさまざまの五陰《ごおん》*3〔から成る人〕を描き上げるように、一切の世界においてあらゆるものを造り出す。心のように、仏もそうであり、仏のように、衆生もそうである。心と仏と衆生との三者に、区別はない。仏たちは、みな、一切のものは心から起こるということをはっきりと知っている。もしもこのように理解することができれば、その人は真の仏を見るだろう。

とあります。いわば心の変数として、仏を、衆生を、そして一切の存在を捉《とら》え、そのような見方の正統性を主張するわけです。

また第二十二章の「十地の境地の章」には、有名な、

三界《さんがい》は虚妄《こもう》にして但《た》だ是《こ》れ心の作《さ》なり。十二縁分も是れ皆心に依《よ》る。

三つの迷いの世界は仮に現れている空虚なものであって、ただ心がつくり出しているにすぎない。〔迷いの世界を構成する〕十二の因縁のそれぞれも、みな心に依存している。

という教説が出てきます。この一文は現存するサンスクリット本の『十地経』などでは、

この三つの迷いの世界に属するものは、この心のみなるものである。また、如来によって分析的に説かれた十二種の迷いの存在の構成要素（十二因縁）も、またすべて、一心に依存するものである。

となっていて、もともとそれが瞑想《めいそう》体験を通じて把握された世界観の直接的な表明であることがはっきりとわかります。ここには、仏教の唯心的世界観が端的に示されているといってよいでしょう。

このように『華厳経』は、まず第一に、私たちの常識に挑戦し、自己と自己を取り巻く世界の全体を心の表れとみなし、この見方に立って仏と私たち衆生とも一体であると論じます。つまりは、『華厳経』に従えば、他のすべての人びと、あらゆる事物・事象も仏たちさえも、私たち一人ひとりが描き出す画像にほかならない、というわけです。

このような思想は、「自分が存在する、しないにかかわらず、世界は実在する」とか、「仏は私たちを超えた絶対の存在である」といった認識の仕方に慣れた私たちには、なかなか理解できません。しかし、よく反省してみますと、そもそも私たち一人ひとりはみなものの見方・考え方が違い、生き方が違う、ということが事実としてあります。このこと

は、私たちの心がちょうど鏡のように外界の存在をそのまま映し出しているのではなく、むしろ外界に積極的にはたらきかけ、そのイメージを構成し、それにもとづいて生きている、ということを立証しております。私たち一人ひとりの心が、実は私が生きる世界を一つの図式として組み立て、私たち一人ひとりがその図式にのっとって生きているというわけです。一切のものを心の表れと見る『華厳経』の考え方は、そのような、徹底して自己自身とかかわるものとしての世界のあり方、主体的な世界の成り立ちを明らかにしているのです。

私たちは、ともすれば、外界の実在性とその自律性、つまり、たとえば自分が勤める会社や官庁も、日本という国も、さらには国際社会も、自分とはほとんど関係なく厳然と存在し、それぞれの機能に従って動いているということを鵜呑《うの》みにして、絶望的になったり、自暴自棄になったりしがちです。しかし、上に述べたように、『華厳経』や唯識の教えによれば、私たちは誰もが自分の世界を自分でつくりあげ、それを生きる存在です。その意味では、私たち一人ひとりがかけがえのない固有の世界の創造者なのです。すべての人びとが、自らの生に誇りをもち、自らの心で自らの生をデザインし、自らの世界をより美しく価値あるものにしていってほしいと願わずにはおられません。

## 小が大であり、一つがすべてである

次に『華厳経』における注目すべき第二の考え方は、つきつめていえば、「小が大であ

り、一つがすべてである」という思想です。これはたとえば、第二章の「盧舎那仏の章」の、

一毛孔の中に、無量《むりょう》の仏刹《ぶつせつ》、荘厳《しょうごん》せられて清浄《しょうじょう》に曠然《こうねん》として安住せり。……一塵《いちじん》の内に於《お》いて、微細の国土の一切《いっさい》の塵に等しきもの、悉《ことごと》く中に住す。

一つの毛穴に、無数の仏の国が美しく飾られて永遠に存在している。……一つの微粒子の中に、一切の微粒子に等しい数の小さな国土がすべて入っている。

という教説や、あるいは、第十三章の「発心《ほっしん》の功徳の章」の、

〔初発心の菩薩は〕微細世界即ち是《こ》れ大世界なるを知り、大世界即ち是れ微細世界なるを知り、……一世界即ち是れ無量無辺世界なるを知り、無量無辺世界即ち是れ一世界なるを知り、無量無辺世界、一世界に入るを知り、一世界、無量無辺世界に入るを知り、……一世界、一切世界を出生するを知り、一切世界、猶《な》お虚空《こくう》の如くなるを知らんと欲し、一念に於《お》いて一切世界を知りて悉《ことごと》く余り有ること無からんと欲するが故に、阿耨多羅《あのくたら》三藐三菩提心《さんみゃくさんぼだいしん》を発《おこ》す。

……長劫《ちょうこう》即ち是れ短劫《たんこう》、短劫即ち是れ長劫なるを知り、一劫《いっこう》即ち是れ不可数阿僧祇劫《ふかすうあそうぎこう》なる

を知り、不可数阿僧祇劫即ち是れ一劫なるを知り、……無量劫即ち是れ一念なるを知り、一念即ち是れ無量劫なるを知り、一切劫、無劫に入り、無劫、一切劫に入るを知らんと欲し、悉く過去・未来際、及び現在の一切世界の劫数の成敗を了知《りょうち》せんと欲するが故に、阿耨多羅三藐三菩提心を発す。

〔初めてさとりへの心を発《おこ》す菩薩は〕微小な世界が広大な世界であり、広大な世界が微小な世界であることを知ろうとし、……一つの世界が無数の世界であり、無数の世界が一つの世界であり、無数の世界が一つの世界に入り、一つの世界が無数の世界に入り、……一つの世界が一切の世界を出生し、一切の世界が虚空《こくう》のようなものであることを知ろうとし、一念に一切の世界を完全に知り尽くそうと欲するので、無上のさとりへの心を発す。

……

〔また〕長い劫（カルパ）が短い劫であり、短い劫が長い劫であり、一劫が不可数阿僧祇の劫であり、不可数阿僧祇の劫が一劫であることを知り、……無量の劫が一瞬間であり、一瞬間が無量の劫であり、一切の劫がゼロの劫に入り、ゼロの劫が一切の劫に入ることを知ろうとし、ことごとく過去・未来、および現在の一切の世界の劫数の増大と減少の様相を知り尽くそうと欲するので、無上のさとりへの心を発す。

という教説として表れます。すなわち、『華厳経』においては、具体的な事物や事象に関しても、時間に関しても、個々のものを決して孤立した実体的な存在とは捉えず、あらゆる存在が他のすべて、ないし全体と限りなくかかわりあい、通じあい、はたらきあい、含みあっているとされます。詩的に表現すれば、一滴の雫《しずく》が大宇宙を宿し、一瞬の星のまたたきに永遠の時間が凝縮されている、というわけです。

このような見方は、すぐれた文学者や芸術家の美の世界の捉え方にもうかがえます。たとえば、『奥の細道』で有名な俳人の松尾《まつお》芭蕉《ばしょう》は、立石寺《りつしゃくじ》を訪れたときに、

閑かさや岩にしみ入る蟬の声

の句を残しております。これは、常識的な立場からは、「蟬が鳴いているのに、どうして閑《しず》かであるといえるのか」という反論さえ出てきそうな句ですが、おそらく芭蕉はこの蟬の声を、すべての周囲の音と動きを奪い取り、一切を深い静寂へと導き入れるものとして聴いたのです。少なくとも芭蕉にとっては、この蟬の声は、暫時、全宇宙を飲み込んだのです。「閑か」とは、そういう存在の深淵《しんえん》が開かれたすがたの表現なのではないでしょうか。

また、近代イギリスの特異な詩人であるウイリアム・ブレイク（一七五七―一八二七）は、「無垢《むく》の占い」（Auguries of Innocence）という詩の冒頭で、

一粒の砂に世界を見、野の花に天を見る――

無限をあなたの手のひらのうちに、永遠をひとときのうちにつかみとれ

と詠《うた》っています。ブレイクの思想と『華厳経』の教えの関係については、かつて晩年をボロブドゥールの研究に没頭された並河亮氏の『わが華厳経』（潮文社、一九七九年）などで教えられたのですが、たしかに両者には一定の類似点や親近性が認められるようです。ブレイクは、根本的な真理としては詩神（Poetic Genius）を立てます。そして、これを「真実の人間」（The True Man）とも呼び、それはすべての宗教――といっても、ユダヤ教とキリスト教以外の宗教について、どこまでよく知っていたかはわかりませんが――の源泉であるとも述べております。ですから、かれの「一つがすべてであり、一瞬が永遠である」という把握は、この「詩神」のはたらき、「詩神」の顕現としてすべてがあるという、いわば美的直観を前提としていると考えられます。とすれば、それは、『華厳経』の場合とは基盤が異なります。けれども、両者の間に、私たちが生きているこの世界の真相について共通する認識の仕方があることはまちがいないでしょう。

だが、このような感じ方や見方は、すぐれた宗教者や文学者、あるいは芸術家だけのものなのでしょうか。私はそうは思いません。たとえば、渇きの中でコップ一杯の水を手にしたとき、その一杯の水に生命をよみがえらせてくれるほどの大きな力を感じはしないでしょうか。静かな海辺で朝日が昇ってくるのを見るとき、その幾筋かの光の中に宇宙の荘厳な活動を感じとりはしないでしょうか。『華厳経』は、実はそのような感じ方・見方こ

そが真実のものであり、存在のすがたに正しく対応している。また、そのような感じ方・見方ができる場は私たちの一つひとつの行動や思考に即して無数に開かれている、と説くのです。

　私たちがともすれば動かしがたいもののように思い込んでしまう小と大、一と多、個と全体といった区別はまったく相対的・暫定的なものにすぎません。どれほど小さな存在にも他のすべてにかかわる大きなはたらきがあり、限りない力と価値が含まれていることに、私たちは改めて思いをひそめたいものです。

### 初めが終りである

『華厳経』に強調される特徴的な考え方の第三は、要約すれば、「初めが終りである」というものです。そして、この考え方は、思うに、第十二章の「清らかな実践の章」の、

　**初めて発心する時、便《すなわ》ち正覚《しょうがく》を成《じょう》ず（初発心時《しょほっしんじ》、便成正覚《べんじょうしょうがく》）**

　初めてさとりへの心を発《おこ》すときに、たちまち仏のさとりを完成する。

という教説に代表されています。

　インド仏教では一般に、正しい信仰心、または求道心を発したのち、きわめて長い時間をかけ、いくつもの修行の段階を経て、聖者――仏とは異なる――の位、あるいは仏の境

地に到達することができるとされます。聖者にいたるという考え方がまとめられた代表的なものが阿羅漢果《あらかんか》を最上とする四向四果《しこうしか》[*4]の説、仏となるという考え方が集成されたものが菩薩の五十二位[*5]の説ですが、『華厳経』は一面においてこの後者の説の大きなよりどころとなっております。というのは、『華厳経』は後述するその章の名（品名）にもあるように、十住・十行・十廻向《えこう》・十地の四十の菩薩の階位を明確に説き示し、それ自体としてははるかなる菩薩の道を浮き彫りにします。そして、それと同時に、中国の南北朝時代にまとめられ、その後東アジア世界に広く流布した『菩薩瓔珞本業経《ぼさつようらくほんごうきょう》』に五十二位説の柱を提供したからです。ところが『華厳経』は、他面、それらの境位の本質に鋭く着目し、さとりへの心を発した最初の境位以後、どの境位も究極の仏の境位に等しいとも説くわけです。

このことは、どういうことなのでしょうか。私は山が好きなので、次のような比喩《ひゆ》を出してみます。

たとえば、私たちが山登りをして、ついに山頂に立った、という場合、山頂を踏みしめたのはたしかに最後の一歩です。しかし、その最後の一歩は、直前の一歩が踏み出されていなければありえません。さらにその前の一歩についても同様です。となると、登り始めた最初の一歩から頂上をきわめた最後の一歩まで、どの一歩も欠くことはできません。山登りの全体につながり、全体を支える一歩です。とくに最初の第一歩は、目的と方向が確定し、目的への歩みが開始されたという意味において最も重要であり、むしろ最初の第一歩においてすでに山頂を踏みしめる最後の一歩はその実現が約束されつつあった、というともできましょう。この場合の「最初の一歩」が「初め」、「最後の一歩」が「終り」に比定され、両者の関係をつきつめた形で表現したのが、『華厳経』の「初めは終りである」の思想なのです。

「初心忘るべからず」ということばがありますが、『華厳経』はその初心のこの上ない大切さを宗教的観点からはっきりと提示しているといえましょう。

## 3　いま、読み直される『華厳経』

### 物理学の立場から

以上、お話ししたように、『華厳経』には、私たちがほとんど忘れかけていた重要なものの考え方が全体を貫く基調として流れています。そして近年、先端的な研究を進めている科学や哲学の分野の人たちの中から、こうした考え方に注目し、それを取り込み新しい方向を開こうとする研究者が出てきています。たとえば、いわゆるニュー・サイエンス運動[*6]の旗手の一人であり、現在も版を重ねている『タオ自然学』(邦訳、工作舎、一九七九年)の著者であるフリッチョフ・カプラ（Fritjof Capra　一九三九—）がいます。かれは、鈴木大拙《すずきだいせつ》博士（一八七〇—一九六六）の『華厳経』理解に強く共鳴し、

> 『華厳経』の中心テーマは、すべての事物・事象の統一性と相互関連性である。この考え方は、東洋の世界観の本質そのものであるのみならず、現代物理学によって明らかにされつつある世界観の基本的諸要素の一つでもある。

と主張しております。かれがここで述べている現代物理学とは、直接には、同書の後段に細説されるように、G・F・チュー博士が提唱したブーツストラップ（靴ひも）仮説[*7]を指すようです。いまこれについて論じることは私の任ではありませんが、ともあれかれは、この仮説と『華厳経』の「無礙《むげ》」の教えとの間に驚くべき類似性を見出《みいだ》しているのです。『華厳経』の研究に携わる私どもとしては、この仮説に賛同するおそらくごく少数の科学者たちのみならず、多くの科学者たちが開かれた視座において『華厳経』から豊かな示唆を汲み取り、実体的に「物質」と呼ばれてきたものの真相を解明してほしいと念願します。

## 哲学の分野から

さらに哲学の分野では、惜しいことに最近急逝された廣松渉氏（一九三三―九四）の予言的な論説が私には強い印象として残っております。それは、たとえばかれが東京大学を定年退官する直前の九四年三月に「朝日新聞」の文化欄で主張していたもので、そこには次のようにあります。

新しい世界観、新しい価値観が求められている。この動きも、欧米とりわけヨーロッパの知識人たちによって先駆的に準備されてきた。だが、所詮《しょせん》彼らはヨーロッパ的な限界を免れていない。混乱はもうしばらく続くことであろうが、新しい世界観や価値観は結局のところアジアから生まれ、それが世界を席巻することになろう。日本の哲学屋としてこのことは断言してもよいと思う。

では、どのような世界観が基調になるか？　これはまだ予測の段階だが、次のことまでは確実に言えるであろう。それはヨーロッパの、否、大乗仏教*8の一部などごく少数の例外を除いて、これまで主流であった「実体主義」に代わって「関係主義」が基調になることである。

——実体主義と言っても、質料実体主義もあれば形相実体主義もあり、アトム（原子）実体主義もあるし、社会とは名目のみで実体は諸個人だけとする社会唯名論もあれば、社会こそが実体で諸個人は肢節にすぎないという社会有機体論もある。が、実体こそが真に存在するもので、関係はたかだか第二次的な存在にすぎないと見なす点で共通している。

——これに対して、現代数学や現代物理学によって準備され、構造論的発想で主流になってきた関係主義では、関係こそを第一次的存在とみなすようになってきている。しかしながら、主観的なものと客観的なものとを分断したうえで、客観の側における関係の第一次性を主張する域をいくばくも出ていない。更に一歩を進めて、主観と客観との分断を止揚しなければなるまい。

私としては、そのことを「意識対象―意識内容―意識作用」の三項図式の克服と「事的世界観」と呼んでいるのだが、私の言い方の当否は別として、物的世界像から事的世界観への推転が世紀末の大きな流れであることは確かだと思われる。

（一九九四年三月十六日、「朝日新聞」夕刊）

この論説には哲学の専門的用語が少なくありませんし、短い文章の中に、ある意味において氏の哲学の総決算とこれからの課題を要約して示そうとしておりますのでかなり難解かもしれません。しかし、要は、これからの世界の見方、ものの考え方は、確実に「実体」を根底に置いたものから、現実のものごとのかかわり方を軸とするものへ変わっていくであろうし、また変えていかなければならないということでしょう。しかも、氏は、そのような基調を先取りした思想として、「大乗仏教の一部」に言及しています。思うにこれは、おそらく直接には『華厳経』の教えの系譜を指しています。

そして、氏が主張されるこの「関係主義」を、より仏教の立場に引き寄せ、私なりのことばで表現すれば、「縁起的な存在観・世界観」ということになります。これは、ごく簡単にやさしくいいますと、主に華厳宗の人びとが先に述べた「一つがすべてである」という考え方を一つの方向に徹底させたもので、私たち一人ひとりの行動、一つひとつのものごとが、限りなく多くの人びと、多くのもの、多くの世界に支えられ、それらとつながって初めて成り立っている、という見方です。私にはこの見方こそ正しいし、すべてがグローバル（地球的）に、いな、ユニヴァーサル（宇宙的）に展開しつつある現代において、とくに広く人びとに受け入れられ、人類の基本的認識とならなければならないと思われます。偏狭なナショナリズムや人間中心主義を超えて私たちの世界が平和と真の繁栄を築くためには、この「縁起的な存在観・世界観」がみんなのものとなることが必須なのではないでしょうか。

*1　説法の舞台設定を『華厳経』などに依存しながら、大乗仏教の戒律思想をまとめあげた経典。おそらく五世紀の中頃に中国で成立した。

*2　唯識派ともいう。四世紀頃インド中北部を中心に瑜伽（ヨーガ）を行じ、その体験をもとに「ただ識のみ」の迷いの世界を明らかにするとともに、迷いからさとりへの道を唱導した学派。マイトレーヤ（弥勒《みろく》）を祖とし、アサンガ（無著《むじゃく》）、ヴァスバンドゥ（世親、天親）によって大成された。

*3　五蘊《ごうん》ともいう。五つの要素（法）の集まりの意。認識的な場で、われわれの存在、広くはあらゆる存在を分析的に捉えた見方。色・受・想・行・識の五つ。

*4　伝統仏教における修行の階位で、「向」は修行の目標またはプロセス、「果」は到達した境地を指す。順次に預流《よる》向・預流果、一来《いちらい》向・一来果、不還《ふげん》向・不還果、阿羅漢向・阿羅漢果をいう。

*5　菩薩の修行の段階を五十二に分けたもの。十信・十住・十行・十廻向・十地・等覚・妙

覚の各階位の総称。

＊6　一九七〇年代、アメリカに興った反近代主義運動の一つ。物質至上主義を捨て、自然と一体になることをめざすもので、自然科学の分野においても物質主義を克服し東洋思想を取り込んだ運動として展開している。

＊7　世界は、何らかの基本的構成要素の集合としては理解できず、宇宙は相互に関連しあった出来事のダイナミックな織物であり、この織物の中ではいかなる部分の特性も根源的でなく、すべて他の部分の特性に従い、その相互関係の全体的調和が織物全体の構造を決定するとする、あらゆる基本粒子や実在を認めない新物理理論。

＊8　紀元前後から、保守化・形式化した部派仏教に対しておこった新仏教。利他の心を重視し、すべての衆生の救済をめざしたが、同時に教理の哲学化を推し進めた。チベット・中国・朝鮮・日本など主に北方に伝播《でんぱ》したことから、北方仏教ともいう。

# 第二講　『華厳経』のあらまし

## 1　『華厳経』の構成

### 四種の経典

さて、『華厳経《けごんきょう》』は正しくは『大方広仏華厳経《だいほうこうぶつけごんきょう》』という名の大乗仏教の経典で、次の四種が現存します。

ⓐ東晋《とうしん》・ブッダバドラ（Buddhabhadra　仏駄跋陀羅《ぶっだばっだら》、三五九―四二九）訳。三十四品・六十巻。略称『六十華厳』。五世紀初め成立。

ⓑ唐《とう》・シクシャーナンダ（Śikṣānanda　実叉難陀《じっしゃなんだ》、六五二―七一〇）訳。三十九品・八十巻。略称『八十華厳』。七世紀末成立。

ⓒ唐・プラジュニャー（Prajñā　般若《はんにゃ》、八―九世紀）訳。一品・四十巻。略称『四十華厳』。八世紀末成立。

ⓓチベット・ジナミトラ（Jinamitra　九世紀頃）ほか訳。四十五品。略称『蔵訳華

厳』。九世紀末成立。

この中で、ⓐⓑの二つの漢訳本と、ⓓのチベット訳本は、細かく調べるとさまざまの違いがあります。この点について、ここでは詳しく述べませんが、大づかみにいえば、ⓐからⓑへ、さらにⓓへと、次第に増訂されていったのです。参考として、本書の巻末（二六四―六ページ）に、これら三本の対照表を挙げておきます。

けれども、その対照表からもわかるように、ⓐⓑⓓ三本の全体の骨組みはほぼ同じです。ところがⓒはまったく異なり、他のⓐⓑⓓの三本において最後の章として立てられる「入《にゅう》法界品《ほっかいぼん》」（ⓓの一応の意訳では「茎荘厳品」）と名づけられる一章が著しく拡充されたもので、「入不可思議解脱境界普賢行願品」の一品しかありません。このことは、インド文化圏における『華厳経』的な思想の一つの展開の方向を示していて興味深いのですが、いまはこの問題には深く立ち入りません。私たちがここで取り上げる『華厳経』は、『華厳経』なる経典の最も古い形をとどめていると思われるⓐの『華厳経』、つまり巻数をとって一般に『六十華厳』と略称されるものです。

なお、『華厳経』の原本は、のちにもふれるように、サンスクリット語で書かれていたと思われますが、全体としては残っておりません。ただし、上の諸本の「十地品《じゅうじぼん》」に相当するものが『ダシャブーミカ・スートラ』として、また「入法界品」に相当するものが『ガンダ-ヴューハ・スートラ』として現存します。

## 仏の世界と菩薩の実践

では、ⓐやその流れを汲むⓑⓓの『華厳経』は、そもそもどのような意図と構想のもとに生み出された経典なのでしょう。この点について、従来は、釈尊《しゃくそん》がブッダガヤーの菩提《ぼだい》樹《じゅ》のもとで実現されたさとりの世界、その世界の内景をそのまま表そうとしたものである、という見解が一般的です。たしかに『華厳経』においては、後で詳しく述べますように、釈尊のさとりの場が中心の舞台として設定され、さとりの場にある釈尊が盧舎那仏《るしゃなぶつ》と呼ばれ、その盧舎那仏の世界の光景の描写にかなりの力が注がれております。しかし、『華厳経』が説こうとするものは、盧舎那仏の世界だけではありません。おそらくそれ以上に、その仏に支えられつつ、利他の願いをもってさとりの世界へと歩を進める菩薩《ぼさつ》の実践を説き示そうとしているのです。この点で『華厳経』は、「他のために」「生きとし生けるものとともに」という大乗仏教の根本精神をしっかりと受け継いでいると思われます。

### 一大宗教歌劇

まず『華厳経』の全体の構成がどうなっているかを見てみますと、おもしろいことに、『華厳経』は一種の幻想的な歌劇の趣をもっていることがわかります。といっても普通の歌劇とはスケールがまったく違います。ステージは「七処八会《しちしょはちえ》」(七つの場所、八つの場面)と変わるのですが、それは地上から天上へ、そして再び地上へという移動です。しかも真の主役である盧舎那仏は、そのいずれのステージでも無数の菩薩や神々に囲まれて中央に位置しながら、一言も発しません。次々と前へ進み出て実際に詠《うた》い、語り、演ずるのは、周囲の菩薩や神々です。いわば脇役のリーダーが目まぐるしく代りながら、舞台を盛り上げていくのです。

さらに、それぞれのステージのテーマも一つとは限りません。一つのステージで、いくつものテーマが折り重なるように詠い上げられていくこともあります。ⓐの『華厳経』（『六十華厳』）の三十四品という分節の多くは、それらのテーマ、またはその中の主要なものを表しているといってよいでしょう。

**七処八会・三十四品**

そこで、七処八会・三十四品の関係を図示すれば、次のようになります（括弧内にそれぞれの平明な現代語訳名を記しておきます）。

(1) 寂滅道場会《じゃくめつどうじょうえ》（静かなさとりの場にて）
- ① 世間浄眼品《せけんじょうげんぼん》（さとりの眼で見た世間の章）
- ② 盧舎那仏品《るしゃなぶっぽん》（盧舎那仏の章）

(2) 普光法堂会《ふこうほうどうえ》（光の家にて）

- ③ 如来名号品《にょらいみょうごうぼん》（仏の名の章）
- ④ 四《し》諦品《たいぼん》（四つの真理の章）
- ⑤ 如来光明覚品《にょらいこうみょうかくぼん》（さとりの光の章）
- ⑥ 菩薩明難品《ぼさつみょうなんぼん》（真実の解明の章）
- ⑦ 浄行品《じょうぎょうぼん》（浄《きよ》らかな行いの章）
- ⑧ 賢首菩薩品《げんじゅぼさつぼん》（賢首菩薩の章）
- ⑨ 仏昇須弥頂品《ぶっしょうしゅみちょうぼん》（スメール山の頂きへの章）
- ⑩ 菩薩雲集妙勝殿上説偈品《ぼさつうんしゅうみょうしょうでんじょうせつげぼん》（妙勝殿の菩薩たちの詩の章）

(3) 忉利《とうり》天会《てんえ》（トラーヤストリンシャ天にて）

- ⑪ 菩薩十住品《ぼさつじゅうじゅうぼん》（十住の境地の章）
- ⑫ 梵行品《ぼんぎょうぼん》（清らかな実践の章）
- ⑬ 初発心菩薩功徳品《しょほっしんぼさつくどくぼん》（発心の功徳の章）
- ⑭ 明法品《みょうほうぼん》（法の説示の章）

(4) 夜摩《やま》天宮会《てんぐうえ》（ヤマ天にて）

- ⑮ 仏昇夜摩《ぶっしょうやま》天宮自在品《てんぐうじざいぼん》（ヤマ天への章）
- ⑯ 夜摩《やま》天宮菩薩説偈品《てんぐうぼさつせつげぼん》（ヤマ天宮の菩薩たちの詩の章）
- ⑰ 功徳華聚菩薩十行品《くどくけじゅぼさつじゅうぎょうぼん》（十行の境地の章）
- ⑱ 菩薩十無尽蔵品《ぼさつじゅうむじんぞうぼん》（無尽の宝の蔵の章）

(5) 兜率天宮会《とそつてんぐうえ》（トシタ天にて）

⑲ 如来昇兜率天宮一切宝殿品《によらいしようとそつてんぐういつさいほうでんぼん》（トシタ天への章）

⑳ 兜率天宮菩薩雲集讃仏品《とそつてんぐうぼさつうんしゆうさんぶつぼん》（仏を讃《たた》えるの章）

㉑ 金剛幢菩薩十廻向品《こんごうどうぼさつじゆうえこうぼん》（十廻向の境地の章）

(6) 他化天宮会《たけてんぐうえ》（パラニルミタヴァシャヴァルティン天にて）

㉒ 十地品《じゆうじぼん》（十地の境地の章）

㉓ 十明品《じゆうみようぼん》（十種の智慧《ちえ》の力の章）

㉔ 十忍品《じゆうにんぼん》（法の体得の章）

㉕ 心王菩薩問阿僧祇品《しんのうぼさつもんあそうぎぼん》（数の単位の章）

㉖ 寿命品《じゆみようぼん》（仏の国の時間の章）

㉗ 菩薩住処品《ぼさつじゆうしよぼん》（菩薩の住処の章）

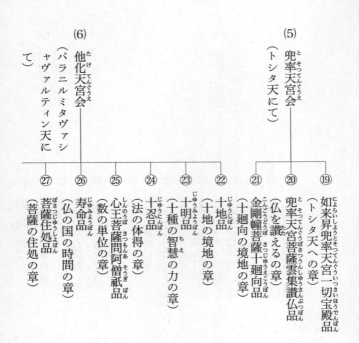

㉘ 仏不思議法品《ぶつふしぎほうぼん》（法の不思議の章）

㉙ 如来相海品《にょらいそうかいぼん》（仏のすがたの章）

㉚ 仏小相光明功徳品《ぶつしょうそうこうみょうくどくぼん》（光を放つ身体の章）

㉛ 普賢菩薩行品《ふげんぼさつぎょうぼん》（普賢菩薩の実践の章）

㉜ 宝王如来性起品《ほうおうにょらいしょうきぼん》（真実の法の章）

(7) 普光法堂重会《ふこうほうどうじゅうえ》（再び光の家にて）―― ㉝ 離世間品《りせけんぼん》（菩薩の実践の総括の章）

(8) 重閣講堂会《じゅうかくこうどうえ》（壮麗な館にて）―― ㉞ 入法界品《にゅうほっかいぼん》（仏の世界に入るの章）

## 八つのステージのつながり

では、これらの八つの場面のつながりは具体的にどうなっているのでしょうか。また、それらの場面とテーマとの関係、および各テーマの相互の連関の仕方はどうなのでしょうか。

初めに、『華厳経』の展開の舞台となる八つのステージがどのようなものであるかについて見ておきましょう。まず、第一の寂滅道場会とは、ほぼまちがいなく、釈尊が成道《じょうどう》されたと伝えられるマガダ国[*1]のブッダガヤーの菩提樹下を静かで壮麗なさとりの場として示したものです。次に、第二と第七の普光法堂会は、そのさとりの場がそのまま生きとし生けるものを救いとっていく場へと開かれてくるところを、限りなく照らし出す光に託して表現していると思われます。また、最後の重閣講堂会とは、のちに釈尊の教化の拠点の一つとなった有名な祇園精舎《ぎおんしょうじゃ》、すなわち、豪商スダッタ（給孤《ぎっこ》独《どく》長者）が寄進したというコーサラ国のジェータ林中の僧坊を理想化したものでしょう。ともあれ、以上の三種のステージが仏伝にもとづき、地上に設定されていることはたしかです。

では、その他の四つのステージはどうでしょうか。仏教では、迷いの世界を三層の構造でとらえ、「三界《さんがい》」と称します。すなわち、第一は欲望の世界としての欲界で、これがいま私たちが住んでいる世界です。次が純粋の物質の世界で、これを色界といいます。第三がその物質をも超えた世界で、これは無色界《むしきかい》と呼ばれます。この三界説は、実は瞑想《めいそう》の境地の深まりの段階と対応するのですが、上の四つのステージは、一般に、このうちの欲界

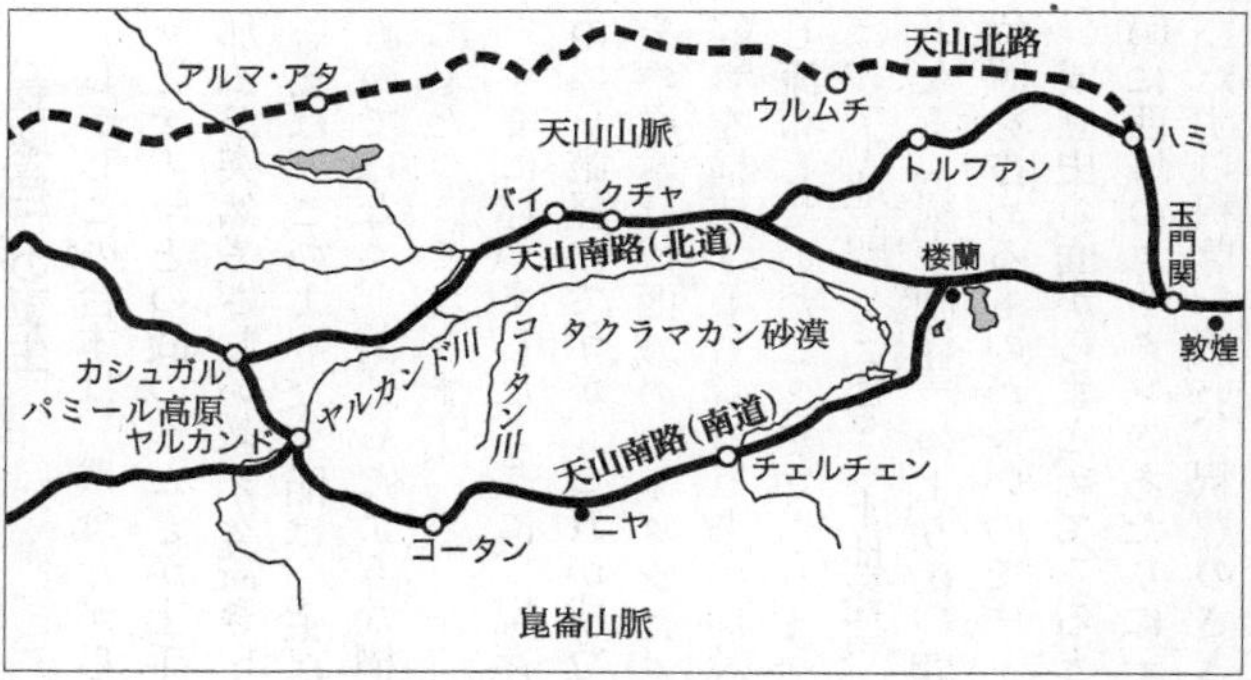


**中央アジア地図**

の上部にあるとされる六欲天《ろくよくてん》に対比すれば、その中の四天です。六欲天は、低いほうから高いほうへ四王天・忉利（トラーヤストリンシャ）天・夜摩（ヤマ）天・兜率（トシタ）天・化楽（ニルマーナラティ）天・他化（パラニルミタヴァシャヴァルティン）天と並ぶのですが、そのうちの第二・第三・第四・第六の天がそれぞれ『華厳経』の第三・第四・第五・第六のステージとなっているわけです。

このように『華厳経』は、さとりの場を起点として、地上から天上へ、そして再び地上へと宇宙的規模でステージを移動させつつ、仏の世界とそこにいたる道を克明に描き上げ、読誦《どくじゅ》し見聞する人びとをその道へと誘います。いわば『華厳経』は、「さとり」を総合テーマあるいは根本テーマとする雄大な宗教歌劇の台本なのです。

## 『華厳経』の誕生

しかしこの台本は、残念ながら完璧ではありません。ステージとステージ、個々のテーマとテーマとの間のつなぎが上手にいっていなかったり、終始沈黙の中にあるはずの盧舎那仏が突然やさしい教えを説き出されるように受けとられかねない箇所もあります。実をいえば、このような欠陥は、主に、『華厳経』がもともとある時期に一気に生み出されたものではなく、前述したような構想のもとに編集・増補された集成経典であるという事実にもとづいております。

すでに述べましたように、現存する最古の『華厳経』は『六十華厳』と略称される漢訳の『華厳経』ですが、これが成立したのは五世紀の初めで、サンスクリット語で書かれたその原本は、西域のコータンにあったといいます。ところが、この原本より早く、『華厳経』を構成する各章のうちのいくつかは、それぞれ独立した一篇の経典としてすでに成立し流布していたことが知られます。しかも、それらの経典の中には、『六十華厳』でいえば、「十地品」となる『十地経』、「宝王如来性起品」となる『如来興顕経《にょらいこうけんきょう》』、「入法界品」となる『羅摩《らま》伽経《かきょう》』のように、『華厳経』に組み込まれたときに、全体の構成上、重要な位置を占めるものが多いのです。

成立史の面からまとめてみると、おそらくは西暦四〇〇年前後、早くとも四世紀の後半頃に西域のコータンのあたりに一群の大乗の人びとが教団をつくっていました。彼らは、ひたすら釈尊を慕い、釈尊のさとりの体験をどうにかして自分のものとしようと努めていました。この「さとり追体験派」とでもいうべき人びとが、宇宙を舞台にさとりの世界とそこにいたる道を明らかにするという構想のもとに、それらの諸経典を選択・収集し、さらに新しく何章かを付け加えて全体を大歌劇台本のような形に体系的に組み上げ、一経典としての体裁を整えました。――こうしてできあがったのが『華厳経』であったと思われるのです。

### 三つのテーマ

では、全体の根本テーマは「さとり」であるとして、それぞれの章とそこに掲げられる小テーマの相互の関係、ないし、筋道はどうなっているのでしょうか。この点について私は、大づかみにいえば、三部に分かれると考えます。

すなわち、その第一は、⑴寂滅道場会に属する二章です。ここでは、教主盧舎那仏のさとりとその世界である蓮華蔵世界の本質と様相が明らかにされます。

第二は、⑵普光法堂会から⑺普光法堂重会までの三十一章です。ここにおいては、仏の世界にいたる実践が十住・十行・十廻向・十地のいわゆる菩薩の階梯《かいてい》を軸として多角的かつ劇的に提示されます。

そして第三は、⑻重閣講堂会に属する「入法界品」の一章です。ここでは、具体的に一人の求道者の歩みを通じて第二部の菩薩の道の具体的な展開のすがたが明らかにされるのです。部分的に各章の連絡が不自然なところもあるとはいえ、『華厳経』はおおむね見事に組織されているといえましょう。

## 2　教主盧舎那仏

### 盧舎那仏の起源

ところで、『華厳経』の教主は盧舎那仏（ヴァイローチャナ仏）です。実際の叙述を見ると、この主張が必ずしも全体を通じて貫かれているとはいえませんが、第二章の「盧舎那仏品」に明示されるように、『華厳経』の編纂《へんさん》・製作者たちの意図として「教主は盧舎那仏である」という命題を押し立てることがあったことは確実です。では、どうしてそのような意図が生まれえたのでしょうか。この点について少し考えておきたいと思います。

サンスクリット語でいうヴァイローチャナ（Vairocana）は、先にふれたように、語源的には、太陽の輝き照らすはたらきを神格化したものです。しかし、この神格化は、『華厳経』において初めてなされたわけではありません。原始経典のいくつかの説話にもヴァイローチャナ（パーリ語では、ヴェーローチャナ Verocana　またはヴィローチャナ Virocana）は出てきます。しかも、それらの中に、明らかに『華厳経』の盧舎那仏（ヴァイローチャナ仏）のイメージにつながる説話が二つほど見出《みいだ》されるのです。

その第一は、漢訳の『雑阿含経《ぞうあごんきょう》』に見えるもので、アスラ（阿修羅《あしゅら》）の王であるラーフが月天子の邪魔をしたので、月天子が仏に救いを求めたところ、仏は、

もろもろの闇を破って、光は空に輝く。いまヴァイローチャナの浄らかな光は世に現れた。

ラーフよ。空を避け、速やかに月を手放せ。アスラの王ラーフよ。ただちに月を打ち捨てて帰れ。……

と詩句を唱えられた。するとラーフは、すぐにそのとおりにした、という話です。ここでヴァイローチャナが、月天子の司《つかさど》る月との対比において、太陽、あるいは太陽の光照作用の象徴的表現であることはまちがいないでしょう。しかし、まだ太陽そのものの神格化はさほど明確ではありません。

ところが、同じく『雑阿含経』が伝えるもう一つの話の中では、アスラの王自身がヴァイローチャナと名づけられており、祇園精舎におられた仏のもとを帝釈天《たいしゃくてん》と一緒に朝早く訪れ、ともに身体からさまざまの光を放って園林を明るくし、精進の大切さについてそれぞれの詩句を述べた、といわれます（似た話はパーリ経典の『サッカ・サムユッタ』にも見えますが、場面の設定は少し異なります）。この話に現れるヴァイローチャナは、描写の仕方から見ると、朝の太陽を擬人化しているようですが、いっそう興味深いことは、ア

スラの王とされ、しかも帝釈天の友人の位置を与えられていることです。アスラは、インドにおいてはすでに仏教が成立する以前に悪神の位置におとしめられ、仏教では多くの場合、帝釈天の敵とされたり、修羅道の主とされたりします。ところが、この説話では、アスラに悪神の性格はなく、むしろ善神として太陽神に比定されるものとなっているのです。

このことは、紀元前七世紀末に成立したイランの宗教であるゾロアスター教の最高神アフラ・マズダーのイメージと重なってきます。というのは、アフラ・マズダーは、アスラと語源的に根を同じくし、かつまた、光で自分の国を満たそうと初めに思念された「一切を知りたもう主」であり、その国は太陽のように見える、とされているからです。ゾロアスター教のアフラ・マズダーの原像から、前述のアスラの王ヴァイローチャナを経て『華厳経』の盧舎那仏が誕生したと考えるのも、あながち無理ではないと思われます。

## 釈尊＝盧舎那仏

以上、その名を手がかりとして『華厳経』の盧舎那仏の思想史上の起源について多少の考察をめぐらせました。これは、いわば「盧舎那仏が究極・真実の仏である」という側面にかかわります。しかし、『華厳経』の盧舎那仏にはもう一つの側面があります。それは、第四講・第五講で詳しくお話ししたいと思いますが、「釈尊が盧舎那仏である」ということです。

この点を考えるとき、何よりも注意されることは、釈尊を「太陽の子孫」と呼ぶことがすでに紀元前三世紀の前半、釈尊の没後百年頃までには始まっていたと思われることです。たとえば、最古の経典とされる『スッタ・ニパータ』では、行者サビアが釈尊に「心に荒《すさ》みなき、太陽の子孫よ」と呼びかけております。もっとも、このような呼び方は釈尊に対してだけ行われたわけではありますまい。インドの大叙事詩『マハーバーラタ』に人類を太陽の子孫とする神話があることなどから見ますと、それは氏族の血統の正しさを表す神話的表現として、仏教の成立以前からインドで広く用いられていたのかもしれません。

しかし、そうであったとしても、この呼び方が後世の仏教者に釈尊と太陽を結びつける道を開いたことはたしかでしょう。紀元前一世紀頃までに建てられたといわれる、サンチーのストゥーパ（舎利塔）を囲む四つの門に彫られた太陽らしい図柄も、釈尊を太陽の子孫とみなす伝承とかかわりがあるように思われます。

思うに、さとりを開かれ、智慧の輝きを得られた「太陽の子孫」釈尊は、やがて太陽そのもの、あるいは太陽のはたらきによって象徴されます。そしてこの信仰に、ゾロアスター教のアフラ・マズダーの仏教版ともいうべきアスラの王ヴァイローチャナのイメージが重なり、より高められます。――『華厳経』の教主盧舎那仏は、こうして現れるにいたったのかもしれません。そしてこれが、一方においてさらに展開して密教の大日如来《だいにちにょらい》（マハーヴァイローチャナ）となります。ヴァイローチャナ＝盧舎那は、おそらくアスラの家系から生まれ、次第に中心的な仏に成長し、いま私たちの前に『華厳経』の教主として、また密教の主尊として身を現しておられるのです。

＊1　中インドの古王国。前六世紀にガンジス中流域におこり、四大国の一つとなった。ビンビサーラ王が釈尊に帰依し、仏教の興隆を支えた。

# 第三講　学びの伝統

## 1　時の流れとともに

### 『華厳経』の成立と流布

前講で述べましたように、『華厳経《けごんきょう》』はおそらく四世紀の後半ないし紀元四〇〇年頃に、西域のコータンのあたりで、先行するいくつかの諸経典を選択・配列し、これに諸章を書き加えた集成経典として成立しました。用いられたことばは、おそらく他の大部分の大乗経典と同じく、古代インドの雅語サンスクリットであったと推測されます。ところが、そのサンスクリット語の原本は残されておらず、そのままの形でインド世界に伝播《でんぱ》した形跡もありません。ただし、それに組み込まれた『十地経』と、「入法界品《にゅうほっかいぼん》」に対応する「ガンダーヴューハ」(Gaṇḍa-vyūha) と名づけられるサンスクリット本は、それぞれ独立経典として現在にまで伝えられており、ほかにも『華厳経』の諸章となるいくつかの経典が、かつて単独で流布していたことが知られます。そして、少なくともそのうちの『ガンダーヴューハ・スートラ』の一本は東南アジアにまで伝えられ、たとえば八—九世紀にはインドネシアの聖跡ボロブドゥールの形成に大きな影響を及ぼしたと考えられます。

### 東アジアの人びとのよりどころ

要するに、『華厳経』が一定以上に広く流布した地域としては、現にその翻訳書が残っているところ、すなわち、漢訳仏教圏に属する東アジアの国々と、いまは大部分が中国に含まれるチベット地域が確認されるのみです。しかも、チベット地域でどの程度に『華厳経』が読まれ、その教えが学ばれ、あるいは信じられてきたかは、資料の不足と研究の遅れのためによくわかりません。けれども、チベット仏教の基本的性格と現存する華厳経関係文献の少なさから見て、さほど広まったとは思われません。『華厳経』は、西域のコータンのあたりで生まれてから、ほとんど一途に東へと流伝しました。そして、漢訳経典を通じてきわめて多くの東アジアの人びとのよりどころとなり、仏典としての意義を発揮したのです。

## 2　中国における『華厳経』

### 『六十華厳』の訳出

まず、中国における状況を見てみましょう。すでに見たように、最初の『華厳経』の漢訳は、五世紀の初めにブッダバドラによって行われました。場所は江南《こうなん》の揚州《ようしゅう》で、原本は支法領《しほうりょう》という僧がコータンから持ち帰ったサンスクリット本でした。

この漢訳の『華厳経』、つまり私たちが巻数をとって『六十華厳』と呼んできたものは、その後、七世紀の末にシクシャーナンダが改めて訳出を行うまで、中国の人びとにとって唯一の『華厳経』でした。そしてこの約二百七十年の間に、『華厳経』の学習と研究は急速に進展し、『華厳経』を根本聖典とみなし、その教えにもとづいて雄大な思想体系をつくりあげる華厳宗も形成されるにいたるのです。

『華厳経』の研究史に初めて名をとどめた人は、『六十華厳』の翻訳の際に筆受（訳文を書き記す仕事）の役を担当したといわれる法業《ほうごう》（五世紀前半）です。かれは『華厳経旨《し》帰《き》』二巻を著したと伝えられますが、のちに華厳宗の法蔵（六四三―七一二）は、かれから偉大な『華厳経』の教えが広まり始めたと讃《たた》えております。

## 仏教者による位置づけ

以来、『華厳経』の学習と研究は、主に北方の地論学派――『十地経論《じゅうじきょうろん》』という、前述の華厳経類の『十地経』の注釈書の思想の解明に力を注いだ学派――の人びとによって進められました。かれらによって、のちの華厳宗の人びとが練り上げた華厳経解釈の方向が固められていったのです。

華厳経・華厳宗関連地図（一部推定含む）

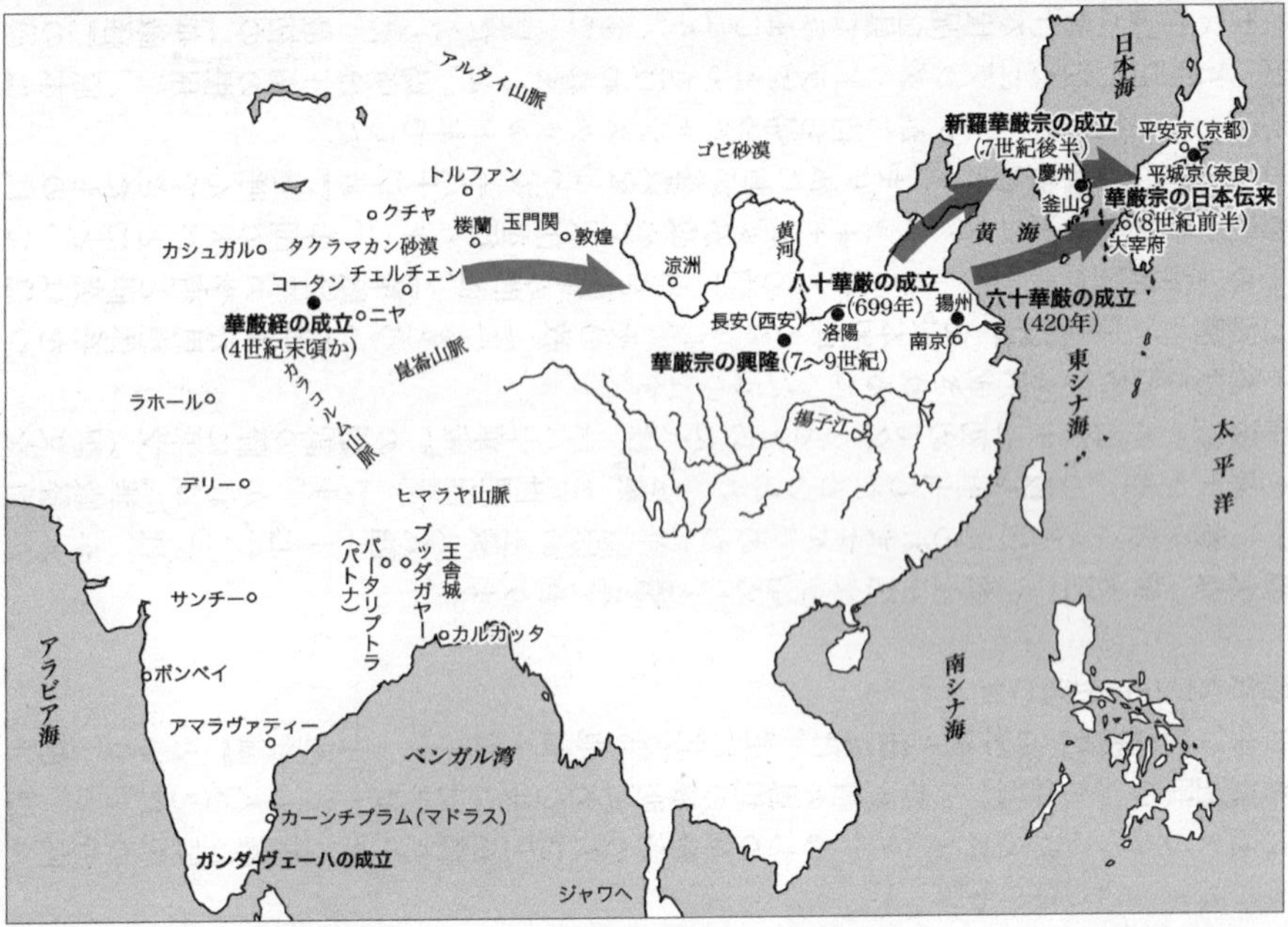

しかし、むろん『華厳経』に関心を抱き、さらには心を動かされたのは、地論学派の人びとだけではありません。たとえば南方の江南地方では、主に三論学派――クマーラジーヴァ（鳩摩《くま》羅什《らじゅう》）によって訳出された、「空《くう》」を説き、「中道」の実践を宣揚する重要な三つの論書、すなわち『中論』『百論』『十二門論』をよりどころとした学派――の人びとが独自の華厳経研究の伝統をつくっております。

では、かれら『華厳経』の研究者たちは、この経典をどのような性格のものと見ていたのでしょうか。思うに、この点を端的に表しているのは、いわゆる教判上の位置づけです。教判とは、「教相判釈《きょうそうはんじゃく》」の略で、さまざまの発展段階の仏教を併《あわ》せて受け入れることを余儀なくされた中国の仏教者たちが、仏説の高低・深浅・優劣を判定しその意味づけを行ったことですが、それらの教判の中で、『華厳経』は、五世紀以来、頓漸《とんぜん》二教[*1]の中の頓教《とんぎょう》、立性宗（因縁宗）・破性宗（仮名宗）・破相宗（不真宗）・顕実宗（真宗）の中の顕実宗（真宗）、根本法輪・枝末法輪・摂末帰本法輪の中の根本法輪に配されるなど、多くの場合、仏がさとられた究極・根本の真実をそのまま説示する経典とみなされました。

唐《とう》代になって、華厳宗第三祖とされる法蔵が、小乗教・大乗始教・大乗終教・頓教・円《えん》教《ぎょう》の五教の教判を確立し、『華厳経』のみを円教（完全・円満な教え）としたのは、そのような見方の極点を示すものといえましょう。

しかし『華厳経』は、ただ高みに置かれ崇《あが》められていただけではありません。多くのすぐれた仏教者たちに深く受容され、かれらに独自の思想形成を促す一方で、「偽経《ぎきょう》」と名づけられる中国撰述経典の中にもその思想の一部が組み込まれ、民衆の教化に一定の役割を担っているのです。

### 諸思想への影響

まず、前者のほうから述べますと、たとえば六世紀の初め、北魏《ほくぎ》の時代に活躍した霊弁《れいべん》（四七七―五二二）は、文殊《もんじゅ》信仰を通して大悟したともいわれる人で、学系ははっきりしませんが、『華厳経論』（『六十華厳』の注釈書）百巻を著しました。いまもその一部が残っていますので、私たちはかれの思想の一端を知ることができます。それを見ると、かれが、のちの華厳宗の人びとが強調してやまない、「一」と「多」との一体性を根本的真実として確信していたことなどが明らかです。

また、天台宗の教理を大成した六世紀の隋《ずい》代の天台大師智顗《ちぎ》（五三八―五九七）は、自己の心を観察するという宗教的立場の定立に関して『華厳経』からきわめて大きな影響を受けておりますし、「普礼法《ふらいほう》」と名づけられる『華厳経』の盧舎那仏《るしゃなぶつ》への帰依の儀礼が、かれがまとめあげた実践儀礼の柱の一つとなってもおります。

さらに、智顗とほぼ同時代を生き、三論教学を大成した吉蔵《きちぞう》（五四九―六二三）は、『華厳経』を『法華経』と同じく「一因一果の法門」を明らかにするものとみなして高く評価するとともに、その教説にもとづいて独自の「無礙《むげ》」の思想の論理化などを行っております。いわゆる「華厳思想」は、決して華厳宗の人びとのみにかかわるものではないのです。

### 偽経と『華厳経』

次に、仏教の中国化、とくにその民衆化に大きな役割を果たす偽経について見ても、『華厳経』の影響は無視できません。たとえば、『華厳十悪品経』という偽経があります。これは六世紀までには現れていたものですが、内容的にはむしろ『涅槃経《ねはんぎょう》』の肉食否定の教えを中核としております。ところが、経名には「華厳」の語を冠して『華厳経』の権威を借り、明らかに華厳経類を装うのです。

また、六世紀中頃の成立と推測される『像法決疑経《ぞうぼう》』は、のちに三階教や道教の経典の一部にもすがたを変えて広く流行する偽経ですが、これにも『華厳経』の「唯心」の思想などが組み込まれています。

このように、漢訳の『華厳経』はさまざまの方面に影響を与えながら、中国ないし東アジアの仏教の固有の形成を促しました。こうして生まれた諸思想のうちの代表的なものが、華厳宗の祖師たちの思想で、それは包括的にふつう華厳教学と呼ばれています。

### 『金獅子章』に見る華厳教学

では華厳教学は、『華厳経』の教えの中のどういう側面に注目し、どのような形でそれを発展させたのでしょうか。

華厳教学は、しばしば「唯心縁起の法門」と呼ばれます。世界を「唯心」、すなわち、真理としてのただ一つの心の表れと見て、その心の世界の縁起というあり方を明らかにする教えである、というのです。そしてその縁起のすがたについては、すべてのものごとが互いに何の障害もなく自在に交わり、融合し、一体化するという形でかかわりあっており、しかもその関係は限りなく広く深い、とされます。

このことに関して、有名な金の獅子《しし》の譬喩《ひゆ》を用いた話が伝えられていますので、紹介しましょう。それは、先にふれた華厳宗の法蔵が王宮にのぼった際に、以前から『華厳経』に強い関心をもっていた則天武后（六二四―七〇五）がその教えについて問うたのに対して、飾ってあった金でできた獅子を用いて解説したという話で、『金獅子章《こんじししょう》』という本となって残っています。この話は、事実かどうか疑問です。おそらく法蔵の死後、その弟子たちによってつくられたものでしょう。しかし、話としてはよくできていますし、比較的わかりやすいので、華厳宗の人びとが『華厳経』の教えをおおむねどのように捉《とら》えていたかを知る上では便利です。

さて、本書『金獅子章』は、「①縁起を明かす、②色空を弁ず、③三性に約す、④無相を顕《あらわ》す、⑤無生を説く、⑥五教を論ず、⑦十玄を勒《ろく》す、⑧六相を括《くく》る、⑨菩提を成《じょう》ず、⑩涅槃に入る」の十節から成る短篇です。このタイトルだけからも、本書が華厳宗の人びとが仏教全体をどう見るかを実践的な視座から簡略に示そうとしたものであることが推測できましょう。以下に、その中からとくに華厳教学の基本的な考え方を押さえるために重要などころを抜き出してみます。

**縁起とは**

まず第一の「縁起」は、こう説明されます。

金はそれ自体の本性をもたない（無自性）から、金細工師の手仕事（縁）によって、獅子のすがたを現すのである。それはただ、〔手仕事という〕縁によっているだけだから、縁起というのである。

つまり、材料としての金そのものには獅子として現れるべき本質もないし、獅子になろうという意志もない。ただ、金細工師の手仕事という縁によって獅子として現れているだけである。これが縁起ということだ、というのです。複雑で難解とされる華厳教学の縁起説も、つきつめればこのように単純な、あらゆるものが「無自性」であること、すなわち、いかなるものにも実体的な変わることのない本性といったものはないという事実に根拠を置いていることがおわかりいただけましょう。

**「十玄を勒す」**

では、そのような縁起のあり方をどう理解するのでしょうか。この点を最も端的に表すのが第七の「十玄を勒す」です。「勒」とは、ここでは統《す》べる、統括するの意味でしょう。また十玄とは、十の奥深い存在の見方をいい、「同時具足相応門」などといちいちに名前がついています。いまはそれらの名称については省略しますが、その十の見方とは、①金と獅子とが金のままに獅子、獅子のままに金として同時に成立していて、何の不足もないこと、②金と獅子とが互いに包摂しあっていて、同じ金が獅子のさまざまの部分や仕ぐさを自在に表現していること、③もしも獅子に着目すればただ獅子があるだけで金はなく、もしも金に着目すればただ金があるだけで獅子はなく、金と獅子とが隠れたり顕れたり自在であること、④獅子の眼・耳・手足・毛などのどれもが、それぞれにすべて獅子の全体を収め入れながらかかわりあっており、それゆえ一本の毛の中にも無数の獅子がいるといえること、⑤もしもこの獅子の眼に獅子を収めつくせば、一切がみな眼となり、耳に収めつくせば一切がみな耳となるといえること、⑥獅子のどの器官、どの毛もみな獅子の全体を収めつくしているから、耳は眼、眼は鼻というように一体的で、しかも自在にその部分を現し出していること、⑦獅子は自在に隠れたり顕れたり、一つになったり無数に展開したり、力をもったり失ったり、中心になったり他に従ったりしながら、金獅子というすがたを少しも動揺させないこと、⑧この獅子は作られたもので、一瞬一瞬に変化して過去・現在・未来にかかわりつつ、しかも一瞬のいまに完全に自らを実現していること、⑨この獅子と金とは、隠れたり顕れたり、一つとなったり無数に展開したりするが、それは根本から見れば、根源的な心が生み出しているということ、⑩この獅子によって迷いのもとにある無知（無明）を表し、金という本体に託して真理そのものを示し、さらにこの両面を併せてアーラヤ識[*2]と名づける、といった仕方で正しいさとりへと導くこと、です。

こうした十玄の説明の仕方は、必ずしも華厳教学に一貫したものではありません。また、説明が簡明すぎてわかりにくいところもあります。しかし、漠然とではあっても、華厳教学があらゆる存在の「無自性」の認識の上に、それらの間の尽きることのない「縁起」の関係、依存しあいかかわりあって起こっているという関係をあらわにし、それによって、原始仏教以来力説されてきた、迷い・苦しみの源としての「われ」「わがもの」への執《と》われ、さらにはあらゆるものへの執われを離れさせようとする思想であることが理解していただけるでしょう。

思うに、このようなものごとの関係の捉え方は、実際、その真相に迫るものです。そして、そうした捉え方ができるためのさまざまの示唆が、『華厳経』には含まれています。けれども「唯心縁起」というのは、決して『華厳経』の教えのすべてではありません。そのことは、これから明らかにしていきたいと思います。「唯心縁起」の思想に大きく集約される華厳教学が明らかにし、発展させたものは、やや誇張していえば、『華厳経』の教えの一面にすぎないのです。

## 分立から総合へ

華厳教学について、もう一つ、忘れてはならないことがあります。華厳教学といっても、決してただ一つの体系と意味をもっているわけではなく、担い手によって時代と風土に対応しつつ、時には大きく、時には微妙に変容してきているということです。華厳宗は、後代の祖統説では初祖を杜順《とじゅん》（五五七―六四〇）、二祖を智儼《ちごん》（六〇二―六六八）、三祖を法蔵、四祖を澄観《ちょうかん》（七三八―八三九）、五祖を宗密《しゅうみつ》（七八〇―八四一）とするのが一般的です。しかし、たとえば第二祖智儼と第三祖法蔵の間には、「性起」、すなわち、あらゆるものごとは、根本の心理から生起しているという思想や、生きとし生けるものへの敬いと自己の内なる悪の認識を生き方の根本としなければならないことを説く三階教の見方の問題をめぐって、決定的ともいえる相違があります。また、法蔵と新羅《しらぎ》の義相《ウィサン》（義湘とも書きます。六二五―七〇二）はともに智儼門下で兄弟弟子になりますが、『華厳経』の仏の本質をどのように捉えるかという点などで対照的な立場を示しております。さらに、後代の華厳宗の人びとが第五祖と崇める宗密の思想は、「華厳思想」というよりは、偽経の『円《えん》覚《がく》経』に基盤をおく「円覚思想」*3と名づけるべきもののように思われます。

宗密以降、中国の仏教は、大づかみにいえば天子・諸侯・貴族らの支配層を支えとする学派的ないし宗派的な「分立」から、官僚・農民・庶民に基礎を置く「総合」へと向かいます。その推進役となるのは広い意味での禅宗ですが、『華厳経』の教えと華厳教学も、この総合仏教の思想形成に大きな役割を果たしました。しかし、教理上では全体としてかえって簡素化されるとともに、受容される教説も、いっそう選択され、限定化されていったといえるようです。

近世・近代の中国華厳思想の特徴は、むしろその儀礼化に見出《みいだ》されます。つまり、前記の華厳宗の祖師たちが中心となって中国社会に広められた『華厳経』の教えをどのように儀式として定着させ、それによって民衆の信仰をつなぎとめるかの工夫です。この工夫もさまざまの形で行われましたが、その中から現代にまで受け継がれてきた一例だけを紹介してみましょう。

## 『華厳七仏儀』

それは、宋《そう》代あたりに起源をもつと考えられる『華厳七仏儀』で、いまも台湾の諸寺院で七日間にわたって行われる「華厳七」のときに用いられる儀規の一種です。早朝から寝る前までのことが実に細かに定められておりますが、とくに注意されることは、蓮華蔵世界の教主たる毘盧舎那《びるしゃな》（『六十華厳』の盧舎那を『八十華厳』ではこのように呼びます）に対する帰依と『華厳経』に登場するすべての仏・菩薩《ぼさつ》に対する帰依がくりかえし唱えられること、および、その仏・菩薩の代表として、毘盧舎那（法身《ほっしん》）・盧舎那（報身《ほうじん》）・釈迦《しゃか》（応身《おうじん》）＊4の三仏と文殊・普賢《ふげん》・観世音《かんぜおん》の三菩薩が挙げられることです。なかでも、『華厳経』の教え自体にはその必然性がないにもかかわらず、観世音菩薩が三菩薩の中に入っていることは、中国における観音《かんのん》信仰の重要性を改めてうかがわせるものです。

中国の場合には、およそ以上のような流れがあります。では、韓国や日本に伝えられた華厳思想は、どのような展開を見せるのでしょうか。

## 3 韓国における『華厳経』

### 義相の教え

韓国（朝鮮）の場合ですが、この地に本格的に『華厳経』の教えが伝わったのは七世紀の後半、新羅の時代です。すなわち、留学して華厳宗の第二祖智儼に学んだ義相《ウイサン》が十年間の勉学を終えて六七一年に帰国して、その教えを説いたのが発端です。それゆえ義相は「海東華厳初祖」と称されますが、この義相の説く教えの中に、すでに智儼や同門の法蔵のものとは異なるところがいくつも見出せます。このことは、かれの主著『一乗法界図』が、次ページの図のとおり、他に例を見ない角印の形に組まれた詩（中央の「法性円融無二相」に始まり、七言で一句をなします）を中核としたものであることからも推察していただけましょう。この詩は、いまも「法性偈《ほっしょうげ》」と名づけられて韓国の仏寺で読誦《どくじゅ》されます。またかれは、「一つの塵《ちり》の世界、松の木の世界、栗の木の世界、ないし十方・三世の虚空の世界、すべては仏身である」などと語ったともいわれます。

一言でいえば、義相は深く仏の存在とそのはたらきかけを実感していた仏教者であったといえると思います。

| | | | | | | | | | | | | | | |
|---|---|---|---|---|---|---|---|---|---|---|---|---|---|---|
| 一 | 微 | 塵 | 中 | 含 | 十 | 初 | 発 | 心 | 時 | 便 | 正 | 覚 | 生 | 死 |
| 一 | 量 | 無 | 是 | 即 | 方 | 成 | 益 | 宝 | 雨 | 議 | 思 | 不 | 意 | 涅 |
| 即 | 劫 | 遠 | 劫 | 念 | 一 | 別 | 生 | 仏 | 普 | 賢 | 大 | 人 | 如 | 槃 |
| 多 | 九 | 量 | 即 | 一 | 切 | 隔 | 満 | 十 | 海 | 入 | 能 | 境 | 出 | 常 |
| 切 | 世 | 無 | 一 | 念 | 塵 | 乱 | 虚 | 別 | 印 | 三 | 昧 | 中 | 繁 | 共 |
| 一 | 十 | 是 | 如 | 亦 | 中 | 雑 | 空 | 分 | 無 | 然 | 冥 | 事 | 理 | 和 |
| 即 | 世 | 互 | 相 | 即 | 仍 | 不 | 衆 | 生 | 随 | 器 | 得 | 利 | 益 | 是 |
| 一 | 相 | 二 | 無 | 融 | 円 | 性 | 法 | 叵 | 際 | 本 | 還 | 者 | 行 | 故 |
| 一 | 諸 | 智 | 所 | 知 | 非 | 余 | 仏 | 息 | 尽 | 宝 | 荘 | 厳 | 法 | 界 |
| 中 | 法 | 証 | 甚 | 性 | 真 | 境 | 為 | 忘 | 無 | 随 | 家 | 帰 | 意 | 実 |
| 多 | 不 | 切 | 深 | 極 | 微 | 妙 | 名 | 想 | 尼 | 分 | 得 | 資 | 如 | 宝 |
| 切 | 動 | 一 | 絶 | 相 | 無 | 不 | 動 | 必 | 羅 | 陀 | 以 | 糧 | 捉 | 殿 |
| 一 | 本 | 来 | 寂 | 無 | 名 | 守 | 不 | 不 | 得 | 無 | 縁 | 善 | 巧 | 窮 |
| 中 | 一 | 成 | 縁 | 随 | 性 | 自 | 来 | 旧 | 床 | 道 | 中 | 際 | 実 | 坐 |

**華厳一乗法界図**

### 元暁の場合

義相と同時代の人で、同じく『華厳経』の教えの浸透に尽くした人物に元暁《ウォンヒョ》（六一七―六八六）がおります。かれは『華厳経』の注釈にも取り組みましたが、途中でそれを放棄したと伝えられます。しかしこのことは、かれが『華厳経』の教えに絶望したなどということとはまったく違います。むしろかれは、『華厳経』の「一切の無礙《むげ》の人は、一道より生死を出ず」という教説によって一生を生きようとしたのです。

というのは、かれは一度

出家したものの戒を破って結婚し、小姓《しょうせい》居士と名のります。そして、村々をまわって仏の教えを説き広めました。その際に、旅役者が使うような瓢《ひさご》のおもちゃのお面に、上の『華厳経』の教説から採った「無礙」という名前をつけ、いつもそれを持ち歩いた、といわれるからです。思想的にも、かれの根本の立場は「和諍《わじょう》」（論争をしずめ、調和させる、の意）と呼ばれる諸宗一体論です。これにも『華厳経』の教えの影響があることは明らかです。

## 歌による均如大師

また、高麗《こうらい》の均如《ギュンニョ》（九二三―九七三）は、華厳宗の諸文献に詳細で学問的な注釈を行う一方で、「郷歌《きょうか》」と呼ばれるやさしい歌をつくって民衆の間に『華厳経』の教えを広めました。たとえば、

迷悟一つの縁起を尋ぬるに
仏より衆生に至るまで
我が身ならぬものぞなき
仏の修めたもうまま
我もまた修むれば
救われざることなかるべし

いかなる人の善行も
喜ばせずしてあるべきや
（後句）
かく仏にあやからんと励みなば
なぞ嫉《うら》み心の生まるべき

とか、

はつることなくみ仏ははたらきたまえど
掌《て》を合わせ鳴らしてぞこの世にとどむべき
夜もすがら求むれど
いずこにも友はなし
哀れむべきかな　迷える者は
（落句）
われを清めつくさば
などか仏の影の映らざる

（大韓伝統仏教研究院刊『均如大師華厳学全書』所収。一部改訳）

といった歌です。これらは、直接には、『六十華厳』や『八十華厳』の「入法界品」を拡充・増訂した『四十華厳』の教説にもとづくのですが、ひたすら仏を念じ、仏の教えに従って民衆とともに生きようとする均如の純粋なすがたが目に浮かぶようではありませんか。ここにも韓国における『華厳経』の教えの深い受容のすがたを見ることができましょう。

ちなみに申しますと、これらの二つの歌のうちの後者は、興味深いことに、日本の平安末期の歌謡集『梁塵秘抄《りょうじんひしょう》』に収められる名歌、

仏は常にいませども　現《うつつ》ならぬぞあはれなる
人の音せぬ暁《あかつき》に　ほのかに夢に見え給ふ

と雰囲気がとても似ているように思われます。読み比べてみてください。

韓国に息づく『華厳経』

ところで韓国の仏教は、李朝朝鮮の時代に圧迫されて衰えました。しかし、いまも人口の約四分の一、一千万人以上が仏教徒であるといわれます。その仏教の中で最大の勢力をもつのは曹渓宗です。高麗の知訥《ジヌル》（一一五八―一二一〇）を宗祖とする曹渓宗は宗派的には一応、禅宗系といってよいのですが、教理上はきわめて華厳思想の影響が濃厚で、僧侶《そうりょ》の教育課程にも『華厳経』の学習が義務づけられております。また、日常読誦される経文

の一つに『華厳経』（『八十華厳』）の仏・菩薩・神々・諸善知識の名と、その章名を折り込んだ「華厳経略纂偈《りやくさんげ》」があります。すなわち、

大方広仏華厳経　龍樹菩薩略纂偈
南無華蔵世界海　毘盧遮那真法身
現在説法盧舎那　釈迦牟尼諸如来
過去現在未来世　十方一切諸大聖

に始まり、

諷誦此経信受持　初発心時便成覚
安坐如是国土海　是名毘盧遮那仏

に終るのがそれです。中国仏教史の権威である鎌田茂雄教授は、韓国（朝鮮）のことを「華厳の風土」と規定し、日本の「法華の風土」と対比しておられます。たしかに韓国には、『華厳経』の教えが深く受容されてきた長い伝統があり、いまもそれは生きています。何か本来的に、『華厳経』の教えになじむものをもっている国なのでしょうか。

## 4　日本の歴史の中で

話を日本に移しましょう。日本に初めて『華厳経』が伝えられたのは、天平八年（七三六）のことだったようです。その四年後には、審祥《シムサン》が新羅から渡ってきて『六十華厳』の講義を始めたといわれます。このような動きが、聖武《しょうむ》天皇の強力な支援を受けて大仏の建立（七四三―七四九）、開眼供養（七五二）へとつながっていきます。この大仏開眼供養には、インド僧のボーディセーナ（菩提僊那《ぼだいせんな》、七〇四―七六〇）が導師を務め、唐僧、ベトナム僧らもおそらく列席しました。またアジア各地の音楽も奏されました。八世紀中葉は、奈良・東大寺《とうだいじ》を中心として、まさに日本が『華厳経』の教えを基軸に一気に国際化を進めた時期なのです。

### 明恵上人高弁

しかし、『華厳経』と華厳教学の研究は、その後もあまり進展しませんでした。日本の華厳宗が大きな成果を生み出すのは鎌倉時代へ入ってからです。すなわちこの時代に、まず明恵《みょうえ》上人高弁（一一七三―一二三二）が出ます。かれは、真言宗の文覚《もんがく》について出家し、東大寺で具足戒を受けたのち、華厳宗の再興を志します。後鳥羽《ごとば》上皇から下賜された栂尾《とがのお》の高山寺《こうざんじ》がその主な舞台となりますが、その頃ちょうど法然《ほうねん》（一一三三―一二一二）の浄土宗の立宗宣言の書ともいうべき『選択本願念仏集《せんじゃくほんがんねんぶつしゅう》』が流布し始めたため、かれはこの書が「菩提心」（さとりへの心）を否定し、仏教を誤解させるものとして『摧邪輪《ざいじゃりん》』を著し、それを激しく批判しております。その後、いかにして華厳宗の実践法を確立するかに心を傾けます。その結果、出会ったのが中国唐代の李通玄《りつうげん》（六三五—七三〇？）の『新華厳経論』で、そこに示されている「仏光観」に目を開かれるのです（仏光観の由来については第六講で取り上げます）。明恵の二つの主著ともいうべきもののうち、『華厳修禅入解脱門義』はこの仏光観を理論的に裏づけようとしたものであり、『仏光三昧観秘宝殿』は仏光観と密教の実践との調和を試みたものにほかなりません。つまりかれは、何よりも李通玄の仏光観を導入することによって華厳思想の活性化をはかったわけです。

ちなみに、明恵が晩年に自ら制作を企てたといわれるものに『華厳縁起絵巻』（華厳宗祖師絵伝）があります。別名のとおり、華厳宗の祖師の伝記を絵画化したもので、国宝になっておりますが、興味深いことに、ここに取り上げられている祖師とは、韓国・新羅代の義相（義湘）と元暁の二人だけです。これは、晩年の明恵がとくにこの二人に親愛・敬慕の思いをつのらせていた、ということでしょうか。

**凝　然**

この明恵に少し遅れて、もう一人のすぐれた華厳思想の復興者が出ます。それが凝然《ぎょうねん》（一二四〇—一三二一）です。かれは、東大寺戒壇院の円照に師事し、また諸師について各宗の教義を学んだあと、自ら戒壇院に住して主に華厳と律を唱道したのですが、その学識の広さと深さは驚くべきものです。弱冠二十九歳のときに著したといわれる『八宗綱要』は、宗派・系統別という視点に問題があるとはいえ、いまも最も信頼できる「仏教概論」の一つとされております。それはともかく、かれが思想的な究明にとくに力を注いだ華厳関係では、『華厳法界義鏡』『華厳五教章通路記』など、緻密《ちみつ》で完成度の高い研究書がいくつも残されています。その思想的立場は、第三祖の法蔵よりも第四祖の澄観《ちょうかん》によるところが大きく、四法界《しほっかい》*5論を基盤としていると見られます。凝然はこのような立場に立って、いわば正統日本華厳教学を再編・復興したのです。

けれども残念なことに、明恵の華厳思想も凝然の日本華厳教学も、その後の日本社会にさほど広まってはいきませんでした。『華厳経』の教えの伝統は、おおむね東大寺を中心に、しっかりとではありますが、細々と受けつがれてきているにすぎません。

ちなみに、現在、東大寺において最もしばしば唱えられる経文の一つに「如心偈」(唯心偈)があります。内容については第八講でお話しいたしますが、現に日本に生きている『華厳経』の教えという意味で紹介しておきましょう。法要では、このまま音読されます。

如心仏亦爾《にょしんぶつやくに》　如仏衆生然《にょぶつしゅじょうねん》　心仏及衆生《しんぶつぎゅうしゅじょう》　是《ぜ》三無《さんむ》差別《しゃべつ》

諸仏悉了知《しょぶつしつりょうち》　一切従《いっさいじゅう》　身転《しんてん》　若能如是解《にゃくのうにょぜげ》　非《ひ》人見真仏《にんけんしんぶつ》

心亦非是身《しんやくひぜしん》　身亦非是心《しんやくひぜしん》　作《さ》一切仏事《いっさいぶつじ》　自在未曾有《じざいみぞう》

若人欲了知《にゃくにんよくりょうち》　三世一切仏《さんぜいっさいぶつ》　応当如是観《おうとうにょぜかん》　心造諸如来《しんぞうしょにょらい》

このように『華厳経』は、千五百年以上にわたって東アジア世界の多くの仏教者に受容され、各時代、各地域の仏教の柱の一つとなってきました。けれども、日本に関していえば、『華厳経』と華厳思想が果たしてきた役割は比較的小さいといわざるをえません。とくに明治以降、昨今までは、わずかに奈良の東大寺の活動と本尊盧舎那仏のイメージによる感化を通じて、その命脈を保ってきたにすぎないとさえいえるようです。ちなみに華厳宗の現有勢力は、寺院・布教所等百四十四、教師千二百二十人、信者四万四千五百余人となっております（平成六年版『宗教年鑑』）。

しかしながら、近年国内的にも国際的にも、『華厳経』や華厳教学に関する専門的な書物から啓蒙《けいもう》的な書物までが相次いで刊行されております。このことからもうかがえるように、それらは次第に注目を集め、少しずつですが、再び人びとの心に広く浸透しつつあるのです。このことは、むろんさまざまの理由によりましょう。しかし、何よりも大きな理由は、『華厳経』と華厳教学が、その他の経典や教学に見られない、もしくは希薄な、仏教思想ないし東洋思想の重要な一面を呈示していると同時に、仏教の発展と今後の人類の指針の発見のために不可欠な示唆を含んでいるからではないでしょうか。

＊1　速やかな教えと漸次の教え。①究極・真実の教えがそのまま直截《ちょくせつ》に説かれるのを頓教、

浅い教えから深い教えへと順を追って説かれるのを漸教とするもの、②すぐれた修行者がただちにさとりを開き仏の境地に達する教えを頓教、能力・資質の劣った者が永い間修行して徐々にさとりを開く教えを漸教とするもの、という二つの解釈がある。おおむね『華厳経』は頓教とされ、『阿含経』『般若経』『維摩経』『法華経』『涅槃経』などは漸教とされる。

＊2　阿頼耶識。一般には、八識説でいう第八識のことで、迷いの現実を生み出す根本としての潜在意識を意味するが、華厳宗では『大乗起信論』の思想を承《う》けて「阿梨耶《ありや》」の音写語を用い、無知に香りづけられた真理の様態を指すと見る。

＊3　円覚とは一切の徳を具《そな》え円満にして明らかな如来《にょらい》のさとりの意。宗密はこのさとりの特徴を、分別・念想がないところにあるとしている。

＊4　法身・報身・応身は大乗仏教で説かれる仏の三身。法身は仏の本身たる法そのもので永遠不滅のもの。報身は仏になるために修行を積み、その結果、功徳を具えた仏身。応身は歴史世界に応現した仏の現身。報身を応身、応身を化身と呼ぶこともある。

＊5　存在の領域を①事法界＝事象の領域、②理法界＝真理の領域、③理事無礙法界＝真理と事象とが互いに自在に交流する領域、④事事無礙法界＝事象と事象とが互いに相即相入する領域の四段階に分け、④を究極、真実のあり方とするもの。

# 第四講　さとりの景観

## 1　「華厳」の意味

### 美しいイメージ

では、『華厳経《けごんきよう》』の内容に実際に入ってまいります。初めに経名の「華厳」の意味について少しお話ししておきたいと思います。

経典の中には、たとえば『維摩経《ゆいまぎよう》』*1のようにその経典の主人公の名前をそのまま経題としたり、『入楞伽経《にゆうりようが》』*2のように場所に重点をおいて経題をつけたりするものもあります。しかし、何らかの形で教説の内容を象徴し、あるいは要約する意味の経題を立てる経典はそれ以上にたくさんあります。ここで取り上げている『大方広仏華厳経《だいほうこうぶつ》』、略して『華厳経』は、そういう経典群の中でも、美的象徴性という点においてとくにすぐれたものの一つでしょう。世界的な版画家の棟方志功《むなかたしこう》（一九〇三―七五）は後年、「華厳の二字、ただそれだけで大きい何かを受け続けてきました」と述懐したと伝えられます。たしかにこの経題には、内容をまったく知らない人にさえ、耳にし、目にふれた瞬間に、何かしら美しい仏の世界を思い浮かべさせる力があるのではないでしょうか。後代の中国、ないし、東アジアの多くの仏教者たちが、『華厳経』に関心をいだき、読誦《どくじゅ》し、また注釈を行ったのは、ひとつにはその経題がもつ全体的なイメージの美しさに魅了されたためかもしれません。

## ガンダーヴューハ

しかし、この経題、とくにその焦点をなす「華厳」、あるいは「仏華厳」がもともとどのような意味であったのかということは、実は簡単に決着をつけられない問題です。

まず、私たちに親しい『華厳経』、すなわち、漢訳の『華厳経』に詳しい注釈を行い、その思想を鼓吹した中国・唐《とう》代の華厳宗の人びとが述べているところでは、『六十華厳』も『八十華厳』も、原本のサンスクリット名は「偉大で広大な、仏の、ガンダーヴューハ（gaṇḍa-vyūha）の経」（マハー・ヴァイプルヤ・ブッダ・ガンダーヴューハ・スートラ）であったといいます。そして、華厳宗の思想、いわゆる華厳教学を大成した第三祖法蔵によりますと、「ガンダ」は「雑華《ぞうけ》」、「ヴューハ」は「厳飾《ごんじき》」の意味であり、併《あわ》せて「雑華厳飾」となり、これが略されて「華厳」という訳名ができたとされます。さらにかれは、この点に関連して、深い交際をもったインド僧のディヴァーカラ（日照、六一三―六八七）が「西の国には、ヴューハという名の供養のための仏具がある。それは、下が広く、上が狭くなった六層のもので、花の形の宝玉で飾ってあり、各層にはみな仏像が安置されている」と話したと伝えています。そして自ら、その仏具の形状は「菩薩《ぼさつ》がそれぞれの修行の段階のどこにおいても仏となっている」（位位成仏）という、実践的視点からまとめられる『華厳経』の奥深い教えに対応すると解釈しております。ここに示される仏具については、また後でもふれますが、このような法蔵の「ガンダ－ヴューハ」＝「雑華厳飾」＝「華厳」という理解の仕方が、その後、東アジアの漢訳仏教圏においては正統説として定着したのです。

けれども、はたして「ガンダ－ヴューハ」を「雑華厳飾」と訳してよいかどうか、これには問題があります。しかしその前に、「雑華厳飾」の意味を改めて考えておきましょう。

この語のうち「厳飾」は、「厳」も「飾」もともに「かざる」ことをいい、とりたてて議論すべきことはありません。しかし、「雑華」については、およそ三通りの解釈が可能です。すなわち、①まだらの花、②名もない花、③さまざまの花、です。伝統説では、大づかみにいえば、中国の古典の多くの用例と同じく、ほぼ一貫してこのうちの③の意味をとり、それは菩薩の無数の実践を喩《たと》えたものであると見ます。そして「ガンダ－ヴューハ」とは、「菩薩たちが無数の実践によって（仏の世界を）飾ることである」と解釈するのです。

たしかにこの解釈は、経典の内容に照らせば一定の妥当性をもつといえます。しかし、語源的な面から、これには消しがたい疑問が残ります。というのは、そもそも「ガンダ」

を「雑華」と訳することが無理ではないかと思われるからです。

「ガンダ」の最も一般的な意味は、頬や顔、あるいは首の部分にできる「はれもの」です。けれどもこれらの意味は、一見、本経の経題になじみそうもありません。

そこで考えられるのが、別にある「茎《くき》」とか、あるものの「部分」「節」という意味です。このうち、伝統派が重視するのは「茎」の意味です。「茎」はむろん「花」と無縁ではありません。しかし、「雑華」と訳されるときの「雑」がどういう意味であるにせよ、「茎」の意味から「雑華」の意味が出てくるとみなすのは、かなり強引です。ここに、伝統的解釈がもつ最大の難点があります。

ところで、すでに述べたように「ガンダ-ヴューハ」と名づけられるサンスクリット本の独立経典として、漢訳の『華厳経』の最後の章である「入法界品《にゅうほっかいぼん》」に対応するものが存在します。この『ガンダ-ヴューハ』という経典の経題に関する一つの有力な説は、かつてアメリカのL・ゴメス博士が提出されたものです。博士は「ガンダ」の「節」の意味を採り、「諸節における示現《じげん》」(「ヴューハ」には「示現」「顕現」の意味もあります)という意味に解釈されました。この場合、「節」とは主人公の善財童子《ぜんざいどうじ》と善知識たちとの交わりの場面場面、「ヴューハ」はそれらの場面が宗教的な意味を湛《たた》えて顕現していることを表しているといえましょう。

また近年、東京大学名誉教授の原実博士は、この経題について、まったく新しい説を出されました。それは、全部で五十三ある善財童子の物語が巧みに唐突なことばを用いて

「係り結び」(「ガンダ」に文法学上の意味として、この意味もあります)の関係をつくり上げながら、最後の大団円をめざすという、経典の劇的構成の妙を率直に表した経題である、というものです。

これら二人の学者の結論は、『ガンダーヴューハ』という独立経典の経題に関しては、相当に説得力のある説であると思われます。しかし、これをそのまま中国華厳宗の人びとが主張する『華厳経』の原名中の「ガンダーヴューハ」の意味とみなすことには躊躇《ちゅうちょ》をおぼえます。なぜなら、この場合、「ガンダーヴューハ」とその上に付される「ブッダ」(仏)の語との関係、つまり、「ブッダ・ガンダーヴューハ」という複合語をどう解釈したらよいか迷ってしまうからです。あるいは、「ブッダ」と「ガンダーヴューハ」との間に「集い」、または「移動」を意味するようなことばを補って、前述したような経典の構想そのものを表すと見ればよいのでしょうか。

## アヴァタンサカ

『華厳経』の経題に関しては、もう一つ問題があります。それは、現存するチベット訳の『華厳経』、略称『蔵訳華厳』によりますと、原題には「ガンダーヴューハ」の語はなく、代りに「アヴァタンサカ」(avataṃsaka)という語が入っているということです。「アヴァタンサカ」は「花飾り」、すなわち、花で作った冠、または耳飾りを意味しますから、まさしく「華厳」と訳せます。このことから、中国に伝訳された『華厳経』の原題にも、

「ブッダ・アヴァタンサカ」とあったのではないかという推測も出てきます。しかしこれは、中国の仏教者たちが本経の原題を「マハー・ヴァイプルヤ・ブッダ・ガンダ－ヴューハ・スートラ」(摩訶毘仏略勃陀健拏驃訶修多羅)であると述べていることを否定するほどの論拠にはならないでしょう。

なお、『蔵訳華厳』の訳者たちは、上の「アヴァタンサカ」を譬喩的《ひゆてき》な表現とみなし、「大衆」、または「大集会」を意味する訳語を当てております。そして、これについて大谷大学名誉教授の桜部建博士は、それは「蓮華上に坐《ざ》した一仏を中心として、その背後・左右に重重無尽に列《つら》なった壮大な華座の仏の集団」を意味するとしておられます。

このように、『華厳経』の原題に関しては、「華厳」の言語をガンダ－ヴューハとするものとアヴァタンサカとするものとの二説があり、それが中国において、全体として「大方広仏華厳経」と訳された経緯もさだかではありません。そして、実証的にはこれ以上のことをいうことはできません。

## 原題の意味

しかし、『華厳経』に惹《ひ》かれ、それを学んできた者の一人として、あえてそれらについて所感程度のことを付け加えさせていただくならば、まず原名は、中国における伝承のように、「マハー・ヴァイプルヤ・ブッダ・ガンダ－ヴューハ・スートラ」であったと思います。『蔵訳華厳』の経題が「アヴァタンサカ」の語を含むのは、その底本にかかわった人たちが『六十華厳』や『八十華厳』のよりどころとなった原典を見て、経題中の「ガンダーヴューハ」が不可解なので、「装飾」の意味をもつ「ヴューハ」の語にも配慮して、それを「花飾り」の意味の「アヴァタンサカ」と改めたためなのかもしれません。ちなみに、『蔵訳華厳』が内容上かなり修正・増補されていることは、たとえば第十一品として「如来華厳品」が新たに加えられていることだけからも明らかでしょう。

次に、「ガンダーヴューハ」が、そもそもどのような意味であったかという点です。これについてはまったくの推測ですが、少なくともほかに二つの解釈が成り立つ可能性があります。

その第一は、「ガンダ」を複合語として用いられる場合の「最高の」という意味に、また「ヴューハ」を「遠離《おんり》」（遠ざけ離れること）の意味にとります。すると「ブッダ・ガンダーヴューハ」は、「仏の最高の（迷いの）遠離」の意味となり、釈尊《しゃくそん》が迷いを遠ざけて究極のさとりを実現し、盧舎那仏《るしゃなぶつ》となったという『華厳経』の立脚点を表すと解釈できます。

第二には、「ガンダ」を同様に、「最高の」の意味にとりながら、「ヴューハ」を宗教的なニュアンスで使われる「顕現」の意味にとります。するとこの場合、「ブッダ・ガンダーヴューハ」は「仏の最高の顕現」の意味となり、盧舎那仏が宇宙的なスケールで繰り広げるこの上ないすがたを指す、と解釈されます。先に紹介したディヴァーカラの話に出てくる仏具の「ヴューハ」の形状も、この解釈に立って、さまざまの世界への仏の出現を表しているとも見られましょう。

いずれにしても『華厳経』の原題の意味が、漢訳諸本の「大方広仏華厳経」という経題がイメージさせ、中国華厳宗の人びとがその理論化を達成し、定着させた「偉大（大）、で、正しく（方）、広大（広）な、仏（仏）〔の世界〕を〔菩薩のさまざまの実践の〕花（華）によって飾る（厳）〔ことを説く〕経」という意味とは、どれほどか遠いところにあったことはまちがいないようです。何とも興味深い宗教文化現象の一つではないでしょうか。

ちなみに、経題中の「方広」がサンスクリット語の「ヴァイプルヤ」という一語の訳語であることを、華厳宗の人びとはもちろん知っていました。しかし、前に簡略に述べたように、みなこれを「方」と「広」の二語に分けて、それぞれの意味について説くのです。表意文字としての漢語（中国語）の威力と中国の人びとの訓詁《くんこ》好きを改めて感じさせられます。

## 2　歌劇の幕開き──静かなさとりの場にて

### 「如是我聞」

さて、いよいよ大宗教歌劇の台本ともいえる『華厳経』の具体的な内容の解説に入りま

す。仏教経典一般と同じく、『華厳経』も「如是我聞《にょぜがもん》」ということばから始まっておりま
す。このことばは、もともとパーリ語・サンスクリット語の「このように（＝以下のこと
を）私は聞きました」という経典の冒頭の一文を訳したもので、仏弟子が、自分が仏、す
なわち釈尊から直接聞いた教えをそのとおりに復唱することを表明する定型句です。つま
り、これによって、経典の内容がまちがいなく釈尊が説かれた真実の教えであることを標《ひょう》
榜《ぼう》しているわけで、いまの場合「華厳経は仏説である」という宣言であると考えることが
できます（後代には、「如是」があるがままの真実そのものを表すとも解釈されることに
もとづく別の理解の仕方が一般化しますが、いまはその問題には立ち入りません）。

もちろん『華厳経』は、すでに述べましたように、おそらく四世紀の後半、ないし四〇
〇年前後に西域のコータンのあたりで集成された経典です。ということは、本経の成立の
時点は釈尊の時代からは少なくとも七百年以上を経過しており、成立の場所も釈尊の活動
された地域からは遠く隔たっているということです。ですから、『華厳経』の編纂《へんさん》・製作
者、すなわち「如是我聞」の「我」が誰であったとしても、その人が実際に釈尊と出会い、
釈尊から直接教えを聞けるはずはありません。しかも、のちに明らかになりますように、
『華厳経』の中では盧舎那仏自身は教えを説かれません。この点で、「如是我聞」というように、
は、歴史的事実に反するだけではなく、経典の内容そのものとも矛盾しているように見え
ます。

では、なぜあえて「如是我聞」というのでしょうか。実は、ここが大切なところだと思

いますが、おそらく『華厳経』の編纂・製作者たちには、この『華厳経』に表明されるもののほかに仏の教え、仏の世界はないという、宗教体験を通して得られた深い信念があったのです。かれらには、はるかに時空を超えて、沈黙の中にありながら、菩薩たちを、神々を、そしてかれら自身を支え、動かしつつある釈尊のすがたと声なき声が実感されていたのです。

### さとりの眼で見た世間の章――第一場

『華厳経』は、その「如是我聞」の語につづけて、

**一時《あるとき》、仏、摩竭提《まかつだい》国の寂滅《じやくめつ》道場に在《いま》して始めて正覚《しようがく》を成《じよう》じたもう。**

あるとき仏は、マガダ国の「静かなさとりの場」（寂滅道場）におられて、初めてさとりを完成された。

と記します。原始仏教の伝承では、ふつう、釈尊はマガダ国のブッダガヤー（この地名も実はのちに付けられたもので、もとはガヤーの町の近くの名も知れぬところであったようです）のアッサッタ樹（これがのちに菩提樹《ぼだいじゆ》と呼ばれます）の下で瞑想《めいそう》に入られ、さとりを開かれたといわれます。『華厳経』が仏のさとりの場をマガダ国の中に置くのは、この伝承を受け継ぎ、釈尊その人のさとりのあり方をモデルとして盧舎那仏の世界を表そうと

した意図を示しているといえましょう。

こうして『華厳経』という歌劇の幕が開きます。そして初めに、ステージの情景が描き出されます。

其の地は金剛にして、厳浄《ごんじょう》を具《ぐ》足《そく》せり。衆宝雑華《しゅほうぞうけ》を以《もっ》て荘飾《しょうじき》と為し、上妙《じょうみょう》の宝輪《ほうりん》は円満にして清浄《しょうじょう》に、無量《むりょう》の妙色《みょうしき》を以て種々《しゅじゅ》に荘厳《しょうごん》せるは、猶《な》お大海《たいかい》の如し。……その菩提樹は高顕《こうけん》にして殊特《しゅとく》なり。清浄の瑠《る》璃《り》を以て其の幹《みき》と為し、妙宝《みょうほう》の枝條《しじょう》は荘厳清浄にして、宝葉《ほうよう》の垂《た》れ布《し》けるは、猶お重雲《じゅううん》の如く、雑色《ぞうしき》の宝華《ほうけ》は其の間に間錯《けんじゃく》し、如意《にょい》の摩《ま》尼《に》を以て其の果《このみ》と為す。樹光《じゅこう》は普《あまね》く十方《じっぽう》の世界を照《てら》し、種々に現化《げんけ》して仏事《ぶつじ》を施作《せさ》すること、尽《つ》くし極《きわ》む可《べ》からず。

その地は金剛によって完全に飾り浄《きよ》められ、あらゆる宝と花々とによって美しく彩られ、妙《たえ》なる宝輪はまどかに浄らかで、美しい色彩に満ちていることは、大海のごとくである。……菩提樹は高々と聳《そび》えて並ぶものなく、幹は清浄な瑠《る》璃《り》からできており、妙なる宝の枝が美しく伸び、宝の葉が雲のように垂れこめ、さまざまの色の宝の花がその間に咲き乱れ、如意のマニ珠の実をつける。この樹が発する光は十方《じっぽう》の世界を照らし、さまざまのものを現し出して仏事をなすことは、きわめ尽くすことができない。

といった具合です。また、その場の中心となる仏については、如来《にょらい》は此の宝師子《ほうしし》の座に処《いま》して、一切《いっさい》の法に於《お》て最正覚《さいしょうがく》を成《じょう》じたもう。三世《さんぜ》の法を了《さと》りて平等智身《びょうどうちしん》あり、普《あまね》く一切世間に入るの身《しん》あり。妙音《みょうおん》は遍《あまね》く一切の世界に至り、窮尽《ぐうじん》す可《べ》からざること猶《な》お虚《こ》空《くう》の如く、平等の法相《ほっそう》、智慧の行処《ぎょうしょ》も、猶お虚空の如し。……等《とう》心《しん》に一切の衆生《しゅじょう》に随順《ずいじゅん》したもう。其の身は遍く一切の道場に坐したまいて、悉《ことごと》く一切衆生の所行を知り、智慧の日光は衆《もろもろ》の冥《やみ》を照除《しょうじょ》し、悉く能《よ》く諸仏の国土を顕現《けんげん》す。

如来はこの宝でできた師子座にあって、一切の法についてこの上ないさとりを完成された。それゆえ、過去・現在・未来のダルマ（法）[*3]を知りつくした智慧《ちえ》の身をもち、どこへでも入っていくことができる。仏の声はあまねく一切の世界に達して、きわめ尽くすことができないことは虚空のごとくであり、平等な法のすがたと〔それを照らし出す〕智慧のはたらきも虚空のごとくである。……平等な心で、生きとし生けるものすべての願いに順じられる。その身はあまねく一切のさとりの場に座し、ことごとく一切の生きとし生けるものの行いを知り、智慧の光はすべての暗闇を除き、ことごとく仏たちの国土を顕現する。

などと説かれております。仏とは、いわば智慧のかたまりであり、いつでもどこでも私たち一人ひとりにはたらきかけてこられる。――これが『華厳経』の編纂・製作にかかわった人びとの基本的な仏の見方であったといえます。

## 仏と大菩薩たち

次に、この仏のさとりの場には、普賢《ふげん》（サマンタバドラ Samantabhadra）などの二十人の菩薩たちをはじめ、全世界の無数の大菩薩が列座している、とされます。『維摩経』には、維摩（ヴィマラキールティ Vimalakīrti）が自分の居室を空にして、文殊《もんじゅ》（マンジュシュリー Mañjuśrī）と八百人の伴のものを迎え入れたという有名な「維摩の方丈」の話がありますが、『華厳経』のさとりの場の収容能力はそれをはるかに上まわるのです。しかもその菩薩たちは、みな盧舎那仏のはるかな過去の世からのよき友（宿世の善友）であり、誰もが無量の功徳をすでに完成しているといわれます。このことから、『華厳経』の構想においては盧舎那仏とそれらの菩薩たちとの間には本質的な差はまったくなく、互いに深い信頼で結ばれていることがわかります。仏と菩薩とは、決して上下、あるいは主従の関係にあるのではありません。のちに中国の華厳宗では、存在するもの同士の真実の関係を「主伴無礙《しゅばんむげ》」などと表現します。つまり、人と人、ものとものとは、ときにはaが主となってb・c……がその伴となり、ときにはbが主となってa・c……がその伴となるという具合に、本来平等であり一体であるがゆえに、現実の中では互いに柔軟に、状況に応じて自在に対応する関係をつくり上げるというのです。『華厳経』における仏と菩薩たちとのかかわり方は、そのような関係を典型的な形で示していると考えられます。

神々の讃嘆詩

話をもどしましょう。『華厳経』の最初のステージに現れるのは、しかし、大菩薩たちだけではありません。金剛力士や神々も無数におります。そして、たとえば金剛力士は、はるかな昔に誓願を起こして仏たちを守り、竜神は説法のお堂を浄め飾り、風神は生きとし生けるものを仲よくさせ、阿修羅《あしゅら》（アスラ神）は驕《おご》りと気ままを退治するという役割をもって集まっております。しかも、これらの合計三十三種の神々は、ことごとく「仏の光に照らされ、解脱の力に乗じて仏の海に入り、仏の教えを完全に体得している」とされます。単なる仏の弟子でも従者でもないのです。それゆえに、彼らはみな、仏を讃《たた》えるすばらしい詩を堂々と詠《うた》い上げることができます。

一、二、例を挙げましょう。たとえば、先頭を切って浄居（シュッダーヴァーサ）天の代表である善光海大自在天は、

**無尽・平等の妙法界《みょうほうかい》は、悉皆《みな》如来身《にょらいしん》を充満す。取ること無く起こすことなく、永く寂滅《じゃくめつ》せり。一切《いっさい》の帰《き》の為の故に出世したもう。……如来の清浄《しょうじょう》なる妙色身《みょうしきしん》は、悉《ことごと》く能《よ》く顕現《けんげん》して十方《じっぽう》に遍《あまね》し。此の身は有に非《あら》ず、所依《しょえ》無し。是《かく》の如く仏を見るは真実の観なり。**

真実の世界には、仏が満ち満ちておられる。仏は、何かを取ることも何かを起こすこともなく、永遠に静かである。しかも、すべての衆生のよりどころとなるために、世に出られるのである。……仏の浄らかなすがたは、あらゆる世界に現れる。しかしそ

の身は、実在するのでもなく、依存するものがあるのでもない。このように見るのが、
正しい仏の見方なのである。

と詠い出します。これは、あらゆるものは実体的ではない、不変の本体をもたないという「空」の見方に立つ大乗仏教の根本的な仏身観を的確にふまえた讃嘆詩であるといえましょう。

また、鬼神の代表である毘沙門夜叉王は、仏と罪深い衆生との関係に焦点を合わせ、仏の出現を讃えて、

**衆生《しゅじょう》の罪垢《ざいく》は甚《はなは》だ深重《じんじゅう》なれば、万千劫《まんせんごう》に於《お》て仏を見たてまつらず、生死《しょうじ》に輪転《りんてん》して衆苦《しゅく》を受く。是《こ》れ等を度《ど》せんが為に、仏は世に興《おこ》りたもう。**

衆生の罪・汚れは、とても深く、重い。だから、〔衆生は〕はるかな過去から一度も仏にめぐりあうことができず、生死をくりかえし、さまざまの苦しみを受けてきた。仏は、これらの衆生を安らぎの岸へと渡すために、世に出られたのである。

などと詠っております。ここには、とくに目新しい見解が示されているわけではありません。しかしこれは、真言宗を開かれた弘法大師空海（七七四―八三五）が名著『秘《ひ》蔵《ぞう》宝《ほう》鑰《やく》』の冒頭で、私たちの現実を、

生まれ生まれ生まれ生まれて生の始めに暗く、
死に死に死に死んで死の終りに冥《くら》し。

と慨嘆しておられる、その心に通ずるものといえましょう。人間が文明の驕《おご》りに酔っている今日こそ、改めてじっくりと味わってみるべき教えであると思います。

こうして、普賢菩薩にいたるまで、神々と菩薩たちの代表者による讃嘆の詩の披露が終ります。すると、仏が坐っておられた膝元から新たに無数の大菩薩が出現し、仏とその周囲の菩薩や神々に、供物や花を捧げ礼拝した、とされます。たとえば『法華経』にも、仏が経を説かれたときに大地が裂け、無数の金色に輝く菩薩が現れたという描写があります。これもその類《たぐい》で、迫真の演技と科白《せりふ》に彩られた舞台が観客の感動を増幅し、拍手を大きくしていくように、真実のことばが連鎖的に美しい世界を生み出し、広げていくことを表すのかもしれません。

最後に、本章、すなわち『華厳経』の第一章、ステージの展開でいえば第一幕第一場をしめくくり、次のステージへと橋をかける役割を担って一切海慧自在智明王という名の菩薩が登場します。そして、

**仏は諸法《しょほう》の平等・真実にして、障礙《しょうげ》あることなく、浄らかなること虚空《こくう》の如くなるを覚《さと》**

りたもう。……仏に是《かく》の如きの自在の神力《じんりき》あり。一念頃《いちねんきょう》に於《おい》て無量の身を現し、普《あまね》く衆《しゅ》生《じょう》をして垢穢《くえ》を滅除せしめたもう。……無量の化仏《けぶつ》、十方《じっぽう》に遍満《へんまん》し、如来《にょらい》の無尽の法蔵《ほうぞう》を闡揚《せんよう》す。

仏はあらゆる法が平等で真実なものであり、〔それらの間に〕何の障害もなく、虚空のように清浄であることを覚られた。……仏には、一瞬の間に無数の身を現し、衆生のすべてに〔自らの〕汚れを取り除かせるという神通力がある。……無数の化身の仏があらゆる世界に満ち、仏の汲めども尽きない教えを宣《の》べ広めるのである。

と詠いおさめます。すると、『華厳経』の仏の世界である蓮華蔵世界――この世界については次の章に詳しく出てまいります――が大きく揺れ動き、一切の世界の王たちが仏とその仲間たちに、心からの敬意を表明します。こうして『華厳経』の第一幕第一場「さとりの眼で見た世間の章」（世間浄眼品《せけんじょうげんぼん》）が終り、次の第二場「盧舎那仏の章」（盧舎那仏品《るしゃなぶっぽん》）へと移っていくのです。

＊1　大乗経典の一つ。サンスクリット語の原典のほか、数種の漢訳とチベット語訳がある。ヴァイシャーリー市の大富豪で在家の維摩（ヴィマラキールティ）が、大乗仏教の精神が在俗主義にあることを標榜《ひょうぼう》し、出家の仏弟子や菩薩たちを次々と論破していく様子が戯曲的な手法で説かれている。

＊2　サンスクリット語で『ランカー・アヴァターラ・スートラ』。大乗経典の一つ。「楞伽」はランカーの音写で、現在のスリランカ。心の問題を中心に統合的な仏教理論の構築をはかったもので、成立は五世紀頃。仏がランカー島に降下して説いた教えということから、この題名がある。

＊3　仏教の中心観念の一つ。保つもの、秩序、掟《おきて》、慣習などの意から、教え・法則・あり方・性質・基準・原因・存在など、法の観念は複雑多義に展開している。ここでは存在するもののあり方を指すようである。

# 第五講　盧舎那仏の浄土

## 1　盧舎那仏の章──第一幕第二場

### 広大な宇宙観

『華厳経《けごんきょう》』という大宗教歌劇は、次に、その教主である盧舎那仏《るしゃなぶつ》の世界の成り立ちなどを主題として展開します。これが、第一幕第二場「盧舎那仏の章」です。

仏の奇跡にふれた菩薩《ぼさつ》たちとあらゆる世界の王たちは、「いったい、仏の世界、仏の実践とはどのようなものであろうか」と思いを凝らします。すると仏は、かれらの思いを知って、口から、また歯の間から光を放ちます。菩薩たちは、この光によって蓮華蔵世界を見ることができた。──こういう叙述から本章は始まります。

蓮華蔵世界とは、のちに普賢《ふげん》（サマンタバドラ）菩薩によって詳しく述べられるように、盧舎那仏の世界ですが、経典の編纂《へんさん》・製作者たちはこの世界をそのまま宗教的宇宙の全体と見ているわけではありません。この世界の十方《じっぽう》に他の仏たちが教えを説かれているそれぞれ別の世界があり、その十方の世界からそれぞれリーダー格の菩薩が無数の仲間たちを伴って仏のもとへ集まってきた、とされます。つまり、『華厳経』の宇宙観では、蓮華蔵世界を中心として東・南・西・北・東南・西南・西北・東北・下・上の十方にそれぞれ別の世界があり、合計十一の世界で大宇宙を形づくっている、ということになります。

## 普賢菩薩の説く世界

ともあれ、こうして十方から菩薩たちが集まり、仏の子としての自分たちの実践について表白する詩句を唱えます。すると仏は、今度は眉間《みけん》の中央の白毫相《びゃくごうそう》から光を放ち、すべての仏の国を照らし出します。ここで登場してくるのが、全編の実際上の主役ともいえる普賢菩薩です。彼は、この光を浴びて「一切如来浄蔵三昧」という浄《きよ》らかな瞑想《めいそう》の境地に入り、一切の世界、一切の衆生のすがた、一切の仏たちを観察して仏の不可思議の智慧《ちえ》を体得し、「私は仏の力を得て教えを説き尽くし、すべての衆生を仏の智慧の海に入らせよう」と誓います。これは、仏道を歩もうとするものの誰もが自らそうなろうと願うべき理想のあり方を示していると考えられます。

やがて普賢菩薩は、まず自分が観察した世界の様相から説き始めます。それによれば、世界というものは、⑴ことば（説）、⑵因縁（起具因縁）、⑶よりどころ（住）、⑷形態（形）、⑸本体（体）、⑹飾りつけ（荘厳《しょうごん》）、⑺浄め（清浄）、⑻仏の出現（如来出世）、⑼時間の長さ（劫《こう》）、⑽変化の手立て（壊方便《えほうべん》）という十の観点で捉《とら》えられます（ただし、⑴

と⑽については具体的な説明はありません）。そして、説示の内容から考えますと、このうち最も重要なのは全体の総論にあたるとも見られる⑵因縁の観点ですが、これは要約すれば、あらゆる世界は出現するのに塵《ちり》の数ほども多くの因縁が具《そな》わっている、ということです。

では、その因縁とはどのようなものでしょうか。経典によれば、これには①仏の力、②自然の道理、③衆生の行い、④菩薩の道の完成、⑤普賢菩薩の資質、⑥菩薩たちの願いと実践、⑦仏のさとり、⑧普賢菩薩の願いの力、の八つがあります。つまり『華厳経』は、

**普賢菩薩像**
（東京国立博物館蔵）

無数の因縁は結局のところ、これらの八つに大きくまとめることができ、これらにもとづいて一切の世界はすでに成立し、いま成立しつつあり、またこれから成立するであろう、と説くのです。

ただ、残念ながら、ここに挙げられる八つの因縁が互いにどのように関係しているのかという点については、何の解説もありません。それゆえ、この世界形成説の内実はあまり明瞭《めいりょう》ではありません。しかし、『華厳経』が、世界の成り立ちそのものも、基本的には、おのずからの道理に貫かれて遂行される仏と菩薩と衆生との相互のはたらきかけによって可能となると見ていることはたしかでしょう。

このような考え方は、自然世界を自分という存在とは別に実在する、物質的なものとみなす、いわゆる科学的なものの見方に慣れた私たちには少々奇異に感じられます。けれども、私たちが生きる、その原点に即して世界を捉えるとき、それが決して神話的な世界観ではないことに気づかれてくるのではないでしょうか。

といいますのは、こういうわけです。私たちが生きているということは、不断に何かの行いをしているということです。寝ているときやぼんやり座っているときは何もしていない、何の行いもなされていないではないかといわれるかもしれませんが、それも一つの行いです。私たちは生まれてから死ぬまで、何らかの行為をつづけているのです。しかも、その一つひとつの行いは、おそらく明確に意識されているかどうかは別にして、「このようにしたい」「このようにありたい」という願いや欲求に支えられております。さらに、そのような願いや欲求がなぜ起こるのか、どこからくるのかを考えてみると、どうも自分の意志だけにその根拠を求めることはできないようです。何かさだかではないが、大きな力がはたらき、かかわっていることを感じざるをえません。『華厳経』のこの「因縁」の思想は、そうした私たち一人ひとりが共同的につくりあげていく主体的世界の成立のしくみを宗教的視点から分析的に呈示してみせているように私には思われるのです。

では、それらの因縁によって形づくられる世界は、どういうすがたや性質をもつのでしょう。この点について『華厳経』は、それは種々さまざまであると説きます。たとえば、形としては、四角いもの、丸いもの、渦巻き状のもの、花の形のものなどがあり、それらのあるものは宝玉の集まりを、あるものは大地を、あるものは香りを、あるものは日輪を本体としているといわれております。『華厳経』の編纂・製作者たちの目に映った大宇宙は、あるいは、前述した仏・菩薩・衆生の相互のはたらきかけから生ずる宗教的エネルギーのはたらきを根本として成立した多様な諸世界の調和する集合体であったといえるかもしれません。

## 蓮華蔵世界の成り立ち

さて、普賢菩薩は、大宇宙のさまざまの世界について語り終ると、自分の直接のよりどころである中心の世界、すなわち、盧舎那仏の蓮華蔵世界の成り立ちなどについて詳しく説き始めます。しばらくそのことばに耳を傾けてみましょう。

諸《もろもろ》の仏子《ぶつし》よ、当《まさ》に知るべし、此の蓮華蔵世界海《れんげぞうせかいかい》は、是《こ》れ盧舎那仏《るしゃなぶつ》、本菩薩《もとぼさつ》の行《ぎょう》を修《しゅ》せし時、阿僧祇《あそうぎ》の世界の微塵数《みじんすう》の劫《こう》に於《お》て厳浄《ごんじょう》したまいし所なり。一一の劫に於て、世界の微塵に等しき如来《にょらい》を恭敬《くぎょう》し、供養《くよう》したてまつり、一一の仏《ほとけ》の所《みもと》に於て、世界海の微塵数の願行《がんぎょう》を修《しゅ》したもうなり。

仏子よ、当に知るべし、須弥山《しゅみせん》の微塵に等しき風輪《ふうりん》ありて、此の蓮華《れんげ》蔵荘厳世界《ぞうしょうごんせかい》を持《じ》せり。最下《さいか》の風輪を名づけて平等と曰《い》う。彼《かれ》は一切宝光明地《いっさいほうこうみょうち》を持《じ》す。次上《じじょう》の風輪を種種宝《しゅじゅほう》荘厳《しょうごん》と名づく。清浄光宝地《しょうじょうこうほうち》を持す。……最上《さいじょう》の風輪を勝蔵《しょうぞう》と名づけ、一切の香水海《こうすいかい》を持せり。彼《か》の香水海の中《うち》に、大蓮華《だいれんげ》有《あ》り。香幢光明《こうどうこうみょう》荘厳《しょうごん》と名づく。此の蓮華《れんげ》蔵荘厳世界《ぞうしょうごんせかい》海《かい》を持せり。

仏の子たちよ。この蓮華蔵世界は、盧舎那仏がかつて菩薩の行いを修めておられたときに、長い長い時間をかけて浄め飾られた世界である。盧舎那仏は、過去の一つひとつの時代に、菩薩として無数の仏たちを尊敬し、一人ひとりの仏のもとで限りなく多くの誓願を立てて修行を積まれたのである。

仏の子たちよ。スメール山（須弥山《しゅみせん》）を形成する微塵《みじん》に等しい数の風の渦があって、この蓮華蔵世界を支えている。最下層の風の渦を「平等」といい、これは「一切宝光明地」という大地を支え、その上の風の渦を「種種宝荘厳」といい、これは「清浄光宝地」という大地を支えている。……最上層の風の渦を「勝蔵」といい、これが「一

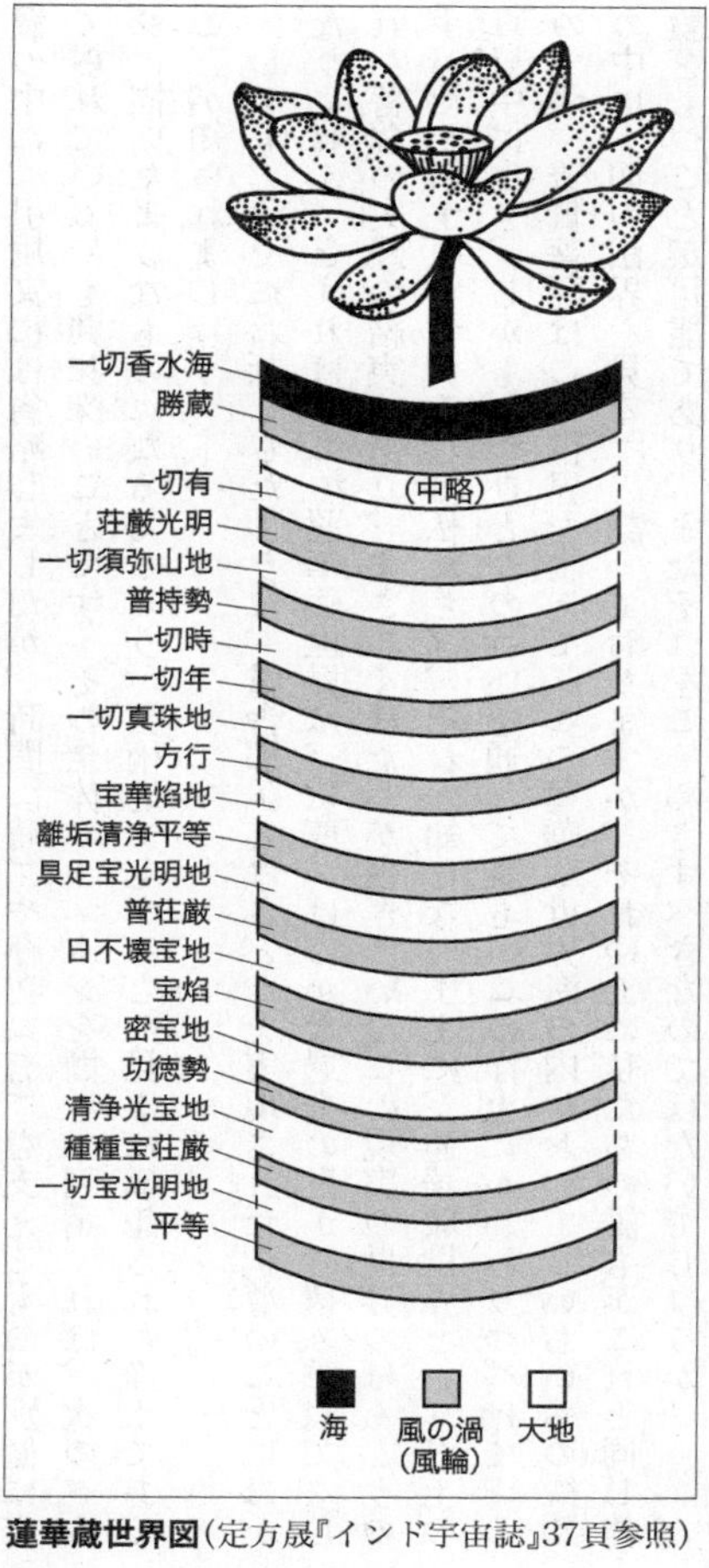


**蓮華蔵世界図**(定方晟『インド宇宙誌』37頁参照)

切香水海」という大海を支えている。その大海の中に「香幢光明荘厳」と名づける大蓮華があり、これが直接、蓮華蔵世界を支えているのである。

ここに述べられますように、蓮華蔵世界とは盧舎那仏が菩薩であった時代に自らの誓願とそれにもとづく実践とによって浄化し美しくつくり上げた世界であり、幾重もの風の渦と大地の層、およびその上の大海とに支えられて屹立《きつりつ》する大蓮華の中に位置します。風の渦の中に、引用文には省略しましたが、時間（時）や存在（有）を支えるものが別個に立てられているのも興味深いことです。その全体のイメージを簡単に図示すれば、次のページに描いたようなものになるでしょう。芸術的にもまことに見事に構想された浄土であることが知られましょう。

しかも、すでにお話ししたように、この蓮華蔵世界は、盧舎那仏とはさとりを実現された釈尊《しゃくそん》のことにほかなりません。とすれば、釈尊がはるかな過去の世から積み重ねてこられた菩薩の実践の結実であり、まさしく私たちが生きているこの現実の世界のほんとうのすがたを指すのです。そして私たちは、それと知らないままに、蓮華蔵世界という浄土の真只中《まっただなか》に生き、しかも一つひとつの行いを通して誰もがこの浄土にかかわりつづけているのです。普賢菩薩はこの世界を讃《たた》えて「この蓮華蔵世界海の内において、いちいちの微塵の中に一切の法界を見る」と詠《うた》っておりますが、それゆえに私たちの誰もがこれと同じ体験をもつことが可能であり、またそれをこそめざすべきなのではないでしょうか。

「錦上《きんじょう》に花を添える」ということばがありますが、この美しい浄土を私たちの一つひとつの行いの花によってさらに美しく飾り、生き生きとしたものにしていきたいと切に願います。

## 2　浄土観の比較

ここで少し、大乗仏教における他の浄土観と比べてみましょう。

日本では、浄土とは阿弥陀仏《あみだぶつ》（アミターバ＝無量光仏・アミターユス＝無量寿仏）の極楽浄土のことだと思っておられる方が多いと思います。しかし、阿弥陀仏の浄土は、大乗仏典の中に表れるさまざまの浄土の一つにすぎません。けれどもこの浄土は、多くの大乗の浄土の中でも比較的早く説かれるようになったものですし、また、その見事な構想と深い宗教性によって、とくに東アジア世界においておそらく何千万人、何億人という人びとを信仰の世界へと導いてきました。そこで、この極楽浄土との比較を試みましょう。

**阿弥陀仏の極楽浄土**

阿弥陀仏の極楽浄土は、たとえばサンスクリット本の『阿弥陀経』には、次のように説かれます。シャーリプトラ、すなわち、仏弟子の中で智慧第一といわれた舎利弗が直接の説法の相手です。

シャーリプトラよ。実に、かの〈幸あるところ〉（極楽）という世界には、生ける者どもの身体の苦しみもないし、心の苦しみもない。ただ、測り知れない安楽の原因が無量にあるばかりなのだ。それ故に、かの世界は、〈幸あるところ〉と言われるのだ。

また次にシャーリプトラよ、〈幸あるところ〉という世界は、七重の石垣、七重のターラ樹の並木、鈴のついた網によって飾られ、あまねくめぐらされ、きらびやかで美しく麗しく見える。それらは、金・銀・瑠璃・水晶の四種の宝石からできている。シャーリプトラよ、かの仏国土は、このような、仏国土特有のみごとな光景で立派に飾られているのだ。

（中村元ほか訳注『浄土三部経』〔下〕岩波文庫、一九九〇年）

経典はこのあとさらに、七種の宝石でできている蓮池、さまざまの色に輝く蓮の花、天上から降ってくる花の雨、美しい鳥たちのさえずり、吹く風によって流れ出る快い音などにも言及しております。極楽浄土が、ひきしまった文学的表現によって美しく描き出されていることが推察していただけましょう。

ところで、この浄土はどうして成立したのでしょうか。この点は『無量寿経《むりょうじゅきょう》』に細説されますが、要するにそれは、阿弥陀仏が法蔵（ダルマーカラ）菩薩として修行していたときに四十八（または四十七）の利他の大願を立て、それを完成してできあがった世界なのです。このように、浄土は共通して、菩薩が大きな利他的な願いを発し、それを成就した結果、現れる世界です。そしてそれは、この上なく美しいものとして描き出されます。その際、蓮の花が必ずといってよいほど光景を彩っていることも、まことにインド的であると思われます。
ちなみに私は、中国華厳宗の第二祖とされる智儼《ちごん》の研究からスタートしたのですが、その智儼は臨終に際して、

**吾がこの幻軀は、縁に従い無性なり。いま当《まさ》に暫く浄方に往き、のち蓮華蔵世界に遊ぶべし。**

私のこの幻のような身は、もともと縁に従って生まれたもので、実体的な本性はない。いまこれから、しばらく阿弥陀仏の極楽浄土に往生し、そののち盧舎那仏の蓮華蔵世界に遊ぶのである。

と語ったといわれます。このように、二つの浄土を連続的にとらえる信心のあり方もありますす。よく考えてみる必要がありそうです。

## 蓮華蔵世界のイメージ

さて、『華厳経』はさらに、蓮華蔵世界の様子を詳しく描き出していきます。それによれば、この浄土は「蓮華日宝王地」という大地に立つ金剛山に囲まれており、この大地にはさまざまの宝で飾られた無数の香水の海があり、それぞれの海には無数の香水の河が流

れ込んでおり、河の中洲《なかす》はすべて平らでさまざまの宝樹が茂り、宝の幕が覆っている、などといわれます。

この描写が実際の蓮の花の観察に依存するものであることは、想像にかたくありません。というのは、まぎれもなく金剛山は蓮の花の外側の花弁の列に、大地は花托に、香水海が花托の上の実を包み込む穴に対応しているからです。蓮華蔵世界は、おそらく深い瞑想の中で蓮の花の形が宇宙大に拡大されたイメージを骨子としております。それは、いわば蓮華観という瞑想法の所産なのではないでしょうか。私たちは改めて、インド文化圏の仏教において蓮がもつ意味の大きさに驚かされます。

## 3　普荘厳童子の物語

さて、本章では、蓮華蔵世界の描写が終ると、「普荘厳《ふしょうごん》」という一人の童子の求道物語がほとんど唐突に語り出されます。この一段は、『華厳経』が集成される際にジャータカ[*1]の一つにヒントを得て付け加えられたものでしょうが、中国華厳宗の澄観《ちょうがん》などによれば、普荘厳童子は盧舎那仏の菩薩時代のすがたであるといわれます。『華厳経』の編纂・製作者たちの意図も、おそらくそのあたりの事情を明らかにすることにあったのでしょう。ともあれ、この物語では、はるかな昔に愛見善慧《あいけんぜんね》王の第二王子として生まれた普荘厳童子が二人の仏に相次いでまみえ、次第に深い瞑想の境地に到達していくことを説くのですが、物語全体の特徴として注意されることは、思うに二つあります。

## 「見仏」と「聞経」

第一は、童子の実践が「見仏」、すなわち仏にまみえることと、「聞経《もんきょう》」、すなわち仏の教えを聞くこと、との二つにほとんど尽きていることです。仏とは、いわば理想の人格者にほかなりませんから、より一般的にいえば、よき人との出会いと、その人の教えに耳を傾けること――これが仏教の実践の全体として提示されているわけです。浄土真宗を開かれた親鸞《しんらん》聖人（一一七三―一二六二）は、比叡山《ひえいざん》での修行の末に山を下り、六角堂に参籠《さんろう》ののち、師法然《ほうねん》上人に出会われるわけですが、その出会いをこの上なく喜び教えを聞いて、

たとひ法然上人にすかされまゐらせて、念仏して地獄におちたりとも、さらに後悔すべからずさふらふ。（『歎異抄』）

と喜んでおられます。普荘厳童子も、おそらくこのような喜び、ほんとうに信じられる人に出会い、教えを聞くことができる喜びを重ねていったのでしょう。

もちろん、師と確信されるよき人との出会いということ自体が、経典のことばによれば、「善根の因縁」、つまり、善行を積み、善の実行力を身につけているという条件を俟《ま》っては

じめて可能となるのかもしれません。けれども、そういう善行を生み出す基盤も、つきつめていえば、教えを聞くという態度を成り立たせる素直な心、柔らかな心にほかならないと考えられます。

普荘厳童子の物語は、何よりもまず、一見簡単に見えながら実はむずかしい仏教実践の基本、すなわち、素直な心、柔らかな心の持続の大切さを説いているのではないでしょうか。そして正しい教えとは、結局のところ、たとえば法相宗の根本聖典ともいえる『成唯識論《じょうゆいしきろん》』にあるように、浄らかな真実の世界から平等に流れ出てくるものです。日本曹洞宗の初祖道元禅師（一二〇〇―五三）は、深く信じた『法華経』を主題として、

峯の色渓《たに》の響もみなながら我が釈迦牟尼の声と姿と

と詠っておられます。私たち一人ひとりが、実は正しい教えを、釈尊の声をいつも聞きつつあるのです。私たちはきっと、普荘厳童子と同じような素直な心、柔らかな心をもつときに、初めてそういう声を聞き、教えに香りづけられ、仏の子として、人間として成長していくのだろうと思います。

### 「方便」の体得

第二は、修行の段階の発展が、方便、つまり、真実の世界へと導くための手立ての体得を軸として捉えられていることです。方便といえば、いまでは「うそも方便」などと安易

に用いられます。しかし、仏教の立場では、うそは方便とはなりません。というのは、方便はサンスクリット語ではウパーヤといいますが、その原義からいって、本来、うその対極にある真実へと近づけていくものを意味するからです。方便とは、真実の世界へと導く正しい手立てなのです。

普荘厳童子の修行では、この方便の体得がとても重要視されております。このことは、童子が次々と得ていく瞑想の境地の中に、最初の十種の三昧《さんまい》の中の普門方便三昧・浄方便雲三昧・広地方便海三昧や最後に体得する入一切法方便海三昧など、「方便」によって性格づけられるものが多いことに端的に示されております。たとえば日本で密教の二大聖典の一つとされる『大日経《だいにちきょう》』には、「さとりへの心を原因とし、悲《あわれ》みを根本とし、方便を究極とする」と方便の重要性が強調されますが、一面において普荘厳童子の物語は、この方便＝手立てを正しく修得していくことに仏道実践の眼目を定めつつ、それを修得するための道筋と意義とを説き明かしていると見ることができます。

手立てが重要なことは、技術の習得の場合でも、教育の場合でも同じでしょう。手立て抜きで何かを身につけ、また人に対して身につけさせるということはありえません。このことを私たちは改めて考えてみたいものです。

＊1　釈尊が前世において菩薩であったとき、さまざまのすがたに生まれ変わって真実の法を求め、また衆生を救ったという、その善行を集めた前世物語。

# 第六講　光はてしなく

## 1　光の家にて――第二幕

### 「光の家」はどこにあるのか

『華厳経《けごんきよう》』の第二幕は、「光の家」（普光法堂）が舞台です。しかし、これと前の「静かなさとりの場」というステージとがどういう関係にあるのかという点について、経典自体は何も語っておりません。第二幕はいきなり、仏が「光の家」の蓮華蔵の説法の座に着かれるところから始まります。

そこで、後世の研究者たちにとっては、この「光の家」がどこにあるのか、ということが一つの大きな問題になりました。その中でとりわけ興味深いのは、先にふれた中国・唐《とう》代の法蔵が記す伝説です。これによりますと、「光の家」は釈尊《しやくそん》がさとりを開かれた場所、すなわち『華厳経』のいう「静かなさとりの場」から東南へ三里ほどの、ヒラニヤヴァティー河のほとりに竜王たちが造ったものである、というのです。この伝説から推し測れば、

「光の家」は、あるいはかつてブッダガヤー付近の河岸に実在していた建物をモデルにしているのかもしれません。ともあれ、『華厳経』の編纂《へんさん》・製作者たちが、目覚められた仏のもとで最初の教えが展開する舞台としては、仏がさとりの座から起《た》ち上がり、教化・救済のはたらきを現し始めたことを暗示する「光の家」がふさわしいと考えたことはたしかでしょう。

## 仏の名の章――第一場

さて、この第二幕の第一場は、第三章の「如来名号品《にょらいみょうごうぼん》」という表題のとおり、「仏の名前」がテーマです。すなわち仏はまず、集まってきた無数の菩薩《ぼさつ》たちが、みな仏の国土や境地の内容を示現してほしいと念じていることを知って、十方《じっぽう》の仏の世界を顕現させます。すると、その中の東方の金色世界の不動智仏と名づける仏のもとにあった文殊《もんじゅ》（マンジュシュリー）菩薩が、仏の力に支えられて、仏の国土が私たちの思い及ばないものであることを明らかにしたのち、私たちが住む娑婆《しゃば》世界（耐え忍ぶべき世界、の意）をはじめ、これを取り巻くあらゆる国において仏の名前が多種多様であることを明らかにしていくのです。

その中で、何といっても関心をひくのは、この娑婆《しゃば》世界における仏の名前です。経典はこれについて具体的には、①シッダールタ、②満月、③師子吼《ししく》、④釈迦牟尼《しゃかむに》（シャークヤムニ）、⑤神仙、⑥盧舎那《るしゃな》（ヴァイローチャナ）、⑦ゴータマ（ガウタマ）、⑧大沙門《だいしゃもん》、

⑨最勝《さいしょう》、⑩さとりの岸へ渡す人（能度《のうど》）の十種を挙げております。このうち、⑦と①はそれぞれ釈尊の姓と名、④は「釈迦族の聖者」の意の敬称であることはよくご存じでしょう。また⑧の「沙門」は、伝統に束縛されずに自由に道を求める「修行者」の意で、他の教団の人びとが釈尊を「沙門ゴータマ」と呼んだことがわかっています。これらのことだけからも、私たちは、本章が釈尊の伝記に通じた人物によって作られたことをうかがうことができますが、とくに釈尊の名前の一つとして盧舎那が示されている点は、釈尊と盧舎那仏の同一視という『華厳経』全体の構想に即するものとして注目に値します。ただし、その名前のいわれなどについて何の言及もないことが惜しまれます。わずかに本章の末尾において、十方の世界の仏の名前が異なる理由を説明して、

これらはみな、仏が（過去世において）菩薩であられたときに、縁のある者をさとりの岸へと渡すために、種々の手立てを用いて、生きとし生けるものに仏の法を知らしめられたのである。

と説かれることとから、それらが仏の手立て（方便）の一つとして立てられていることを知ることができるだけです。

## 四つの真理の章――第二場

第二場「四つの真理の章」（四《し》諦品《たいぼん》）に入ると、文殊菩薩はつづいて、仏教の基本的教説の一つである四つの真理（四諦）の表現が十方の世界のそれぞれにおいて異なることを説き出します。四つの真理とは、いうまでもなく原始仏教の時代から中心的教説として説示されてきたもので、現実の生存は苦しみであるという真理（苦諦《くたい》）、その苦しみを生み出しているものにはさまざまの原因・条件があるという真理（集諦《じったい》）、苦しみがなくなったところが理想の境地であるという真理（滅諦《めったい》）、この理想の世界にいたるのに、踏み行

**文殊菩薩像**
（東京国立博物館蔵）

うべき正しい道があるという真理（道諦《どうたい》）をいいますが、ここでも興味深いのは、私たちが現に生きている娑婆世界の場合です。たとえば、その中の「現実の生存は苦しみであるという真理」については、

苦しみの真理のことをこの娑婆世界では害悪（害）ともいい、逼迫《ひっぱく》ともいい、変異ともいい、認識対象の領域（境界）ともいい、集まり（聚）ともいい、刺激（刺）ともいい、感覚依存（依根）ともいい、虚偽（不実）ともいい、はれもの（癰）ともいい、愚行《ぐこう》（童蒙行《どうもうぎょう》）ともいう。

と述べられております。これらの別称には何の説明もなく、しかも提示の観点が一定していないようです。ですから、たしかなことはいえません。しかし、それらが、苦しみの現実がどのようなものであり、どういう場に成立するかということを総合的に明らかにしようとしていることはまちがいないでしょう。自分自身の生存のすがたに引きつけて、それぞれの規定の意味をよく考えてみたいものです。

また、これと対応する「苦しみがなくなったところが理想の境地であるという真理」を表す別称の中に、「不死」や「無障礙《むしょうげ》」が見えることが注意されます。

たとえば、仏教成立以前の古層に属する宗教哲学書『ウパニシャッド』に出てくるヤージニャヴァルキヤという哲人は、妻マイトレーイーが「大地に満ちるほどの財宝を手に入

れたら、不死となりうるでしょうか」と尋ねたのに対して、「それはありえない」と答えます。そして、「アートマン（真実の自己）に対する愛のゆえに、一切はいとしい」と説き、アートマンの把握によって不死が実現するゆえんを述べております。「不死」はインドにおける理想郷の永遠性を表す表現の伝統を受け継いでいるのです。また「無障礙」、すなわち、相対する二者の間に何の障害もないというあり方は、のちに詳しくお話しいたしますが、真実の世界の表現の仕方として『華厳経』全体を通じて流れているもので、その思想的特徴の一つをあらわにしていると思われます。これが、とくに注意される理由です。

### さとりの光の章——第三場

さて、文殊菩薩の「四つの真理」に関する講説が終りますと、場面は一転し、仏が足の裏の輪相から光を放たれます。ここから始まるのが、第三場「さとりの光の章」（如来光明覚品《にょらいこうみょうかくぼん》）で、その光を受けて、十方の世界からそれぞれの世界を代表する菩薩が無数の仲間たちを伴って仏のもとへと集まってきます。そのうち、東方の金色世界から来た、前章の主人公でもあった文殊菩薩が仏を讃《たた》え、仏の実践を讃える詩句を次々と唱えます。すると、その讃歌のつど、仏の光明は遠方へ遠方へと広がり、ついには一切の世界を照らし出します。いわば、文殊菩薩が詩句を詠《うた》い出すたびに仏の光明は増幅され、智慧《ちえ》の詩とさとりの光の交響楽に全宇宙が包み込まれていくのです。そして実は、私たち自身が現にその真只中《まっただなか》におり、はてしない真実の詩と光とに貫かれているはずなのです。ところで、その仏の光を増幅し拡大するはたらきをもつ文殊菩薩の唱える詩句――合計するとし、十回に及びます――には、美しく、かつ端的に菩薩道の本質や仏のさとりの内実を示すものが多くあります。次に、最初の詩句の一部を抜粋して紹介してみましょう。

若《も》し、正覚《しょうがく》せば解脱《げだつ》して諸漏《しょろ》を離れ、一切《いっさい》の世に著《じゃく》せずと知ること有らば、彼《かれ》は道眼《どうげん》を浄むるにあらず。

若し、如来《にょらい》は無所有を観察《かんざつ》し、法の散滅《さんめつ》の相を知りたもうと知ること有らば、彼《か》の人は疾《と》く仏と作《な》る。……

我無《な》く衆生無く、また敗壊あること無し。若し是《かく》の如き相を転ぜば、彼は則《すなわ》ち無上の人なり。

一の中に無量を解し、無量の中に一を解す。展転して生ずるも実にあらず。智者は畏《おそ》る所無し。

もしも、正しいさとりを開けば、迷いを脱し、もろもろの煩悩《ぼんのう》を離れ、一切の世に執《とら》われることがないと知るならば、その人は真実を見る眼（道眼）を浄《きよ》めてはいない。

もしも、仏はすべての法が実在するのではないと観察し、すべての法が消滅していく様子を理解しておられると知るならば、その人はすみやかに仏となる。……

我もなく、衆生もなく、またともに死ぬということもない。もしもこのように説き広めるならば、その人は無上の人である。

一の中に無量を理解し、無量の中に一を理解し、〔一と無量とは〕互いにあちらへ、こちらへと移動して現れるが、〔それらはともに〕仮のものであると知る。そのような智者には何の怖れもない。


ここには、実在的な法の見方に立ちつつ解脱《げだつ》の道を説く、いわゆる小乗仏教を否定した上で、仏のさとりが徹底した「空《くう》」の把握であり、それは存在するものの相即・無礙[*1]の関係の理解にまで伸びていくものであることが主張されていると申せましょう。第三講で述べましたように、中国華厳宗の人びとは、とくにこの方面の思想を発展させたのです。

ちなみに、この章は実践的視点からも見逃すことのできない意味をもっております。というのは、ここに示される仏の光の増幅・拡大のありさまを静かに観察することが瞑想《めいそう》を深める有効な方法の一つになりうるからです。この点に着目したのが中国の一群の『華厳経』の信奉者たちで、唐代の李《り》通玄《つうげん》がそれを「仏光観」と呼ばれる観法として大成しました。先に述べたとおり、鎌倉時代に日本華厳宗を復興した明恵《みょうえ》上人高弁は、後年この仏光観を自己の実践として取り込み、新しい宗教的境地を開かれたのです。

## 2 菩薩はいかなる願いをもって生きるか

### 真実の解明の章——第四場

第四場は第六章「真実の解明の章」(菩薩明難品《ぼさつみようなんぼん》)で、文殊菩薩と他の九人の代表格の菩薩たち(南方の楽色《らくしき》世界の覚首菩薩など)との問答から成っております。具体的には、初めに文殊菩薩が九人の菩薩たちに次々と問いかけ、菩薩たちがそれに答える。そして最後に、それらの菩薩たちがそろって文殊菩薩に仏の境地について反問し、文殊菩薩がこれに答える、という筋立てです。

それらの問答を見ますと、中には十分に掘り下げられていない問題もあります。たとえば、業《ごう》*2について、私たちは誰もみな同じ人間であるのに、どうして苦しむ人と喜びの中にある人、悪い人と善い人がいるのか、といった深刻な問いが提起されますが、これに対しては、業に何らの実体的な本質もないことを「空」の見方にもとづいてほとんど一般的に説明するだけに終っております。たとえば、仏弟子のゴーディカは、我見を断って解脱に達しながら六度も後退し、七度目に解脱に達したときにまた後退することを怖れて自殺したといいます。これは、業ということばを用いれば、これ以上ないほどの重い業といえましょう。しかし、残念ながら『華厳経』の本章の叙述からは、このような業の重みを正面から受け止めようとした形跡は見て取れません。

けれども他方、仏教の実践のあり方とその意義を明らかにするという面では、さすがに鋭い考察が展開されております。一、二、例を挙げますと、たとえば、現実に正しい教えに何度もふれながらどうして私たちは煩悩を捨てることができないのか、といった卑近な、しかし重要な実践上の問題については、

譬《たと》えば人、水に漂《なが》さるるに、溺《おぼ》るるを懼《おそ》れて渇《かわ》きて死し、説の如く行ずる能《あた》わず。多聞《たもん》もまた是《かく》の如し。

譬えば人、大いに恵み施されて、種々の諸肴膳《しょこうぜん》あるに、食わずして自ら餓死す。多聞もまた是の如し。

譬えば良医ありて具《つぶ》さに諸方薬を知るに、自ら疾《や》めば救う能わざるが如し。多聞もまた是の如し。

譬えば貧窮の人、日夜に他の宝を数うるも、自ら半銭の分なきが如し。多聞もまた是の如し。

喩《たと》えば水に流されている人が、溺《おぼ》れるのを怖れ、のどをカラカラにして死んでしまい、教えのとおりに実行することができないように、多く聞くだけの人もそれと同じである。

また喩えば、大変な歓待を受け、目の前にさまざまの御馳走《ごちそう》があるのに食べずに餓死

する人のように、多く聞くだけの人もそれと同じである。

また喩えば、よく薬のことを知っている名医が、自分が病気になると自分を助けられないように、多く聞くだけの人もそれと同じである。

また喩えば、貧乏な人が毎日毎晩よその人のお金を数えながら自分には一銭もないように、多く聞くだけの人もそれと同じである。

などと説かれております。「多く聞く」(多聞)とは、単に聞く回数が多いことではなく、それによって多くの知識があること、ものをよく知っていることを意味します。ここには、「ただの博識は無意味である」という仏教の基本的な考え方が、巧みな比喩《ひゆ》を通じて簡明に示されているといえましょう。なお、ここに挙げた最後の喩え「自ら半銭の分なし」は、無駄な努力を表す比喩として禅宗などで盛んに用いられるにいたっております。

また、仏とは何かという問題をめぐっては、

**文殊《もんじゅ》よ、法は常爾《じょうに》たり。法の王は唯だ一法なり。一切《いっさい》の無礙《むげ》の人は、一道より生死《しょうじ》を出ず。**

**一切の諸《もろもろ》の仏身《ぶっしん》は、唯だ是《こ》れ一法身《いちほっしん》なり。一心・一智慧にして、力・無畏《むい》も亦《ま》た然《しか》り。**

文殊よ、法は永遠不変であり、究極の法はただ一つである。一切の自在を得た人は、みな一筋の道を通って迷いの世界を出る。

すべての仏たちの身体は、ただ一つの真理の身体である。心は一つの心であり、智慧は一つの智慧である。仏たちの十力、四無畏《しむい》の活動もまた、ただ一つである。

などという教説が見えます。これは、根源的なただ一つの真実とそこから立ち現れる仏に対する『華厳経』の編纂・製作者たちの深い確信を端的に表すものといってよいのではないでしょうか。中国において、老子《ろうし》・荘子《そうし》をはじめ、その流れを汲む道家の人びとは、根源の真理を「道」と名づけ、その体得に努めました。この「道」の仏教的表現ともみなしうる上の教説が、中国、ないし東アジアの仏教者たちに広く受容され、好んで語り継がれてきたのも、決して偶然ではないでしょう。

## 浄らかな行いの章――第五場

つづいて第五場の「浄らかな行いの章」（浄行品《じょうぎょうぼん》）は、前の場面で登場した、文殊菩薩と問答を行う九人の菩薩たちのうち、下方の水精色世界の智首《ちしゅ》菩薩が質問者となって問いかけ、文殊菩薩がそれに答える、という筋立てです。智首菩薩は、先には文殊菩薩の「仏法の中では智慧が第一であるが、仏はどうして衆生のために六種の波羅蜜の実践（布施・持戒・忍辱《にんにく》・精進・禅定・智慧）と四種の無量の心（慈《いつく》しみ・悲《あわれ》み・喜び・平等心）を〔ともに〕讃えられるのか」という問いを受けて、それらの教説が、たとえば物惜しみする者には布施を賞讃するというように、衆生の性質や習性に対応して示されることを明らかにしています。しかしこの応答は、「正しい」とはいえても、「十分である」とはいえないようです。なぜなら、それらの一つひとつの実践が、仏そのものに支えられ、互いに深くかかわりあい、さらにはおそらくそのまま吹き抜けに仏のさとりの世界に通じていることを明らかにしてはいないからです。ことばを換えれば、どの一つの実践でも、ぎりぎりのところでは仏の実践となっていることが述べられていないからです。ここに、本章において反転して智首菩薩が文殊菩薩に問いかける伏線があると思われます。

では、本章の主題は何でしょうか。それは、「菩薩はどのような願いをもって生きるのか」ということです。この問題が、合計百四十項目にわたり、詩句によって説き示されるのです。第一講の初めにふれた「三帰依文《さんきえもん》」も、もとはこの教説の一部にほかなりません。

## 精神風土に応じた受容と深化

さて、智首菩薩に答えて説く文殊菩薩の教えは、「在家の生活から出家の生活へ」という菩薩の歩みを前提としております。このことに、現代の日本に生きる私たちのほとんどはどれほどか違和感を覚えます。というのは、そもそも私たちには、私たちの誰もがこれまでに果てしなく生と死をくりかえし、迷いと苦しみの生存を重ねてきたという、インドの人びとが広く深く受け入れている輪廻《りんね》*3の考え方になじみがありません。また、どちらかといえば現実の世界を肯定的に捉《とら》え、楽しむことをよしとしますから、その実相である虚《こ》妄《もう》なすがたを見つめることは稀《まれ》です。ですから私たちには、「出家する」ということ、つまり、世俗世界とまったく縁を切り、聖者の生活に入るということの意義を深くうなずくことは困難です。ことばの上では出家者とされるお坊さんたちでも、多くはそうなのではないでしょうか。これが、違和感を起こさせる主な理由です。

インド世界は、それとはまったく逆です。「道を求める者は出家して、輪廻の生存からの解脱をめざす」ということは、現代にいたるまでインド世界においては当然そうあるべきあり方とされます。またそれが社会的に容認され、支持されてもいるのです。本章は、もともと独立経典として広く流布したことがわかっておりますが、こうした背景を考えて初めて正しく理解することができるといえましょう。

このことからも知られますように、本章の全体はかなりインド的な性格が濃厚です。「三帰依文」について見ても、すでにそれ自体、本来は、出家者となって以後の願いの表明なのです。またたとえばその第一偈が、わが国では、

自ら仏に帰依したてまつる。まさに願わくは衆生とともに、大道《だいどう》を体解して、無上〔の〕意を発《おこ》さん。

と読まれていることはすでに第一講でお話ししました。この読み方によって、原文の「〔菩薩は〕仏に帰依するときには、衆生が大いなる道をそのとおりに理解し、この上ない〔さとりへの〕心を発すようにと願う」という意味が、「〔凡夫の私はいま〕自ら仏に帰依

いたします。どうか、衆生とともに、大いなる道をそのとおりに理解し、この上ない［さとりへの］心を発しますように」という意味に変わっているわけです。このような読み方と解釈の変化は、あるいは唐代の智昇《ちしょう》の『集諸経礼懺儀《しゅうしょきょうらいさんぎ》』という書物にしばしば「願わくは、もろもろの衆生とともに」（願共諸衆生）という句が表れることなどが参照され、時代の要請を受けて生じたものかもしれません。ともあれ、このことは必ずしも悪いことではなく、むしろそれによってそれぞれの精神風土に応じた仏教の受容と深化が可能になったという面もあります。ですから、一概に否定はできません。しかし、ここではあくまで本来の『華厳経』の思想がどういうものであったかという観点から、その内容をいささか紹介することにいたします。

たとえば冒頭に述べられる教えは、次のようなものです（抜粋して示します）。


仏子《ぶっし》よ、何等《なんら》の身《しん》・口《く》・意《い》の業《ごう》もて、能《よ》く一切《いっさい》の勝妙《しょうみょう》なる功徳を得《う》るや。

菩薩、家に在らば、当《まさ》に願うべし、衆生、家難を捨離《しゃり》して、空法の中に入らんことを。

父母に孝事《こうじ》しては、当に願うべし、衆生、一切を護養して、永く大安を得んことを。

妻子集会《しゅうえ》せば、当に願うべし、衆生、愛獄《あいごく》を出でて、恋慕の心無からしめんことを。

若《も》し房室に在らば、当に願うべし、衆生、賢聖の地に入りて、永く欲穢《よくえ》を離れんことを。

若し聚会《じゅえ》に在らば、当に願うべし、衆生、究竟《くきょう》して、解脱《げだつ》し、如来《にょらい》の処に到らんことを。

若し危難に在らば、当に願うべし、衆生、随意自在にして、罣礙《けいげ》するところ無からんことを。

仏の子よ、どのような身体・ことば・心の行いによって、あらゆるすぐれた功徳を得ることができるのだろうか。

菩薩は、家にあっては、衆生が家の難儀を捨てて「空」の世界に入るようにと願う。

父母に仕えるときには、衆生が一切のものを護《まも》り育て、永遠に大いなる安らぎを得るようにと願う。

妻子と団欒《だんらん》するときには、衆生を愛欲の牢獄から出し、恋い慕う心が無くなるようにと願う。

〔夫婦の〕部屋に居るときには、衆生が聖者の境地に入り、永く欲望の汚れを離れるようにと願う。

集会に出るときには、衆生がついには迷いの世界から脱《ぬ》け出て、仏のもとへたどり着くようにと願う。

危難に遭遇するときには、衆生が心のままに自由自在に活動して、少しも障害がないようにと願う。

これらは、内容から推測できますように、菩薩がまだ出家せず、在俗の生活を送っている間にもつべき願いについて説いたものです。自分と自分の家族の幸せのみを願って生きがちな私たちの毎日といかに違うことでしょう。菩薩は、父母への孝行、妻子への愛情、あるいは隣人たちとの生活を通じて、常にすべての衆生の平安と真実への目覚めを願って生きる存在なのです。

### 願いこそ行動の基盤

このあとには、菩薩が信心を発《おこ》して以後の生活をどのような願いをもって生きるかが示されます。それゆえ、出家者ではない者には、同じ願いをもつことはできません。けれども、それらの中には、在俗者として生活しながらも、たとえ徹底した形では無理であっても、誰もがもってほしい願いがいくつも挙げられております。たとえば、次のようなものです。


手に楊枝《ようじ》を執《と》らば、当《まさ》に願うべし、衆生《しゅじょう》、心に正法《しょうぼう》を得て、自然に清浄《しょうじょう》ならんことを。

水を以て掌を盥《あら》わば、当に願うべし、衆生、上妙の手を得て、仏法《ぶっぽう》を受持《じゅじ》せんことを。

樹の好華《こうげ》を見ば、当に願うべし、衆生、浄を開くこと華の如くにして、相好満具《そうごうまんぐ》せんことを。

諸《もろもろ》の流水《りゅうすい》を見ば、当に願うべし、衆生、正法の流を得て、仏智《ぶっち》の海に入らんことを。

歓楽の人を見ば、当に願うべし、衆生、無上の楽を得て、憺怕《たんぱく》にして患《わずらい》無からんことを。

苦悩の人を見ば、当に願うべし、衆生、衆苦《しゅく》を滅除して、仏の智慧を得んことを。

昏夜《ゆうべ》に寝息《しんそく》せば、当に願うべし、衆生、諸行《しょぎょう》を休息して、心浄《きよ》く、穢《けが》れ無からんことを。
晨朝《あした》に覚悟《かくご》せば、当に願うべし、衆生、一切を知覚して、十方《じっぽう》を捨てざらんことを。

手に歯ブラシを取るときには、衆生が心に正法を体得して自然に浄らかになるようにと願う。

水で手を洗うときには、衆生が美しく手を磨き上げて、仏の教えを受けられるようにと願う。

樹がきれいな花を咲かせているのを見たときには、衆生が花のように浄らかさをただよわせ、仏の身体的特徴をすべて具《そな》えるようにと願う。

さまざまの流水を見たときには、衆生が正法の流れにあずかり、仏の智慧の海に入るようにと願う。

喜び楽しんでいる人に会ったときには、衆生が無上の楽しみを得て、心静かに少しもわずらうことがないようにと願う。

苦しみ悩んでいる人に会ったときには、衆生がすべての苦しみを滅して、仏の智慧を得るようにと願う。

夜、寝るときには、衆生があらゆる活動を休めて、汚れのない浄らかな心を得るようにと願う。

朝、目覚めたときには、衆生があらゆることを正しく知って、十方〔の衆生〕を捨てないようにと願う。

要約すれば、「現実の真只中において、現実そのものの本質を洞察しつつ生きとし生けるものすべての安らぎを願う――それが菩薩である」と本章は高らかに詠い上げている、ということができましょう。菩薩にあっては、正しい智慧はそのまま利他の願心へと転ぜられるのです。

私たちは、改めて、願いがもつ重要な意味、すなわち願いこそがすべての行動の基盤であり、いかなる願いをもって生きるかがその人の存在のあり方を決めるということに思いを潜《ひそ》めるべきではないでしょうか。

## 賢首菩薩の章――第六場

「光の家」のステージの最後を飾るのは、第六場「賢首（バドラシュリー）菩薩の章」（賢首菩薩品《げんじゅぼさつぼん》）です。ここでは文殊菩薩が再び質問者となり、上記の九人の菩薩の最後に登場して「ただ一つの真実」を明らかにした賢首菩薩との間に問答を交わします。章名は、この賢首菩薩による菩薩の道の詳細な開示が本章のほとんどすべてを占めることによるのでしょう。

では、その教説の特徴として、どういう点が注意されるでしょうか。

思うに、それは大きくまとめますと次の三点になります。

第一は、菩薩の発心が「信」にもとづくことが力説されるということです。有名な教えですので、ご存じの方もおいででしょう。

信は道の元、功徳の母為《た》り。一切《いっさい》の諸《もろもろ》の善法を増長し、一切の諸の疑惑を除滅し、無上の道を示現《じげん》し開発《かいほつ》す。浄信《じょうしん》は垢《く》を離るれば、心堅固《こころけんご》にして、憍慢《きょうまん》を滅除《めつじょ》し、恭敬《くぎょう》の本たり。信は是れ宝蔵《ほうぞう》にして第一の法なり、清浄《しょうじょう》の手と為《な》りて衆行《しゅぎょう》を受く。

信は仏道の根本であり、功徳を生み出す母である。それはあらゆる善を生長・増大させ、あらゆる疑いや惑いを除き、この上ない正しいさとりを顕現し開発する。浄らかな信は、汚れを離れているから、〔それに依《よ》る〕心はしっかりとしていて動揺せず、憍《おご》りをなくし、敬いの心を支える本となる。信は宝の蔵、第一の法である。またそれは、もろもろの実践を受けとる清浄な手である。

などと説かれるのがそれです。真実なるものを信ずるということが、まっすぐに仏のさとりへと深まっていくものであることが、ここには明示されております。

つづいて賢首菩薩は、信にもとづく菩薩の道の進展について語ります。その中に第二に注意される問題があります。それは、菩薩が衆生を導くために現し出すがたとして、大商人・国王・医師、あるいは仏教外の行者なども挙げられ、菩薩はバラモン教が重んずる苦行や祭火の儀礼も行うとされていることとです。このことは、本章の作者たち、広くは

『華厳経』を信奉した人びとが、「仏教」や「仏教者」という枠をも超えた大きな世界を見つめていたこと、そして、そういう立場から強い自負をもって世俗社会やバラモン教などの他の諸宗教に積極的に対応していこうとしていたことを示唆しています。

私たちはいま、さまざまの知識と情報の渦巻く世界に生きております。私たちは世界には多くの宗教や哲学が存在すること、さまざまの教えが説かれ、信じられていることを知っています。しかしそれらは、つきつめれば結局同じところをめざしているのかもしれません。ともあれ、強い信仰や信条をもっている人でも、いや、そういう人こそ、特定の「宗教」や「哲学」の中に閉じ込もらず、一度思い切ってそこから飛び出してみることがいま求められている時代ではないでしょうか。

本章において第三に注意される点は、菩薩の自在な活動の場が、三昧《さんまい》(samādhi)つまり、深い瞑想の場として押さえられていることです。経典によりますと、菩薩はたとえば、

> **眼根《げんこん》中に於《お》いて正受《しょうじゅ》に入り、色法《しきほう》中に於て三昧《さんまい》より起つ。色法を示現《じげん》することを不思議にして、一切《いっさい》の天人、能《よ》く知るもの莫《な》し。**
>
> **色法中に於て正受に入り、眼に於て定より起ちて念《おもい》乱《みだ》れず。眼の生ずること無く、自性《じしょう》無きを観じて、空・寂滅にして所有無しと説く。**

眼の感覚を通じて三昧に入り、見えるものを通じて三昧から出る。見えるものを現し出すことは、われわれの思慮を超越している。一切の天人・人間はそれを知らない。

見えるものを通じて三昧に入り、眼を通じて三昧から出るが、想念は乱れない。眼が生じたものでなく、本性をもたないことを観察し、それは空であり寂《しず》まっており、存在性を超えていると説く。

と詠われているように、三昧の場を通じて自由に認識世界を出入りしつつ、その空なるあり方をきわめ尽くすのです。

## 菩薩の自在性

思うに、このような菩薩の自在性には二面性があるようです。

その一つは、菩薩は何をするときも、いつもそれに精神集中しており、実行の仕方も徹底的である、ということです。私たちも、自分の好きなこと、自分にとって利益になることには、ときに夢中になります。菩薩はこれに対して、いわばいつでもどこでも、すべての活動に夢中になるわけです。

第二の面は、菩薩は衆生のために自由に変身するとともに、どこへでも自由に移動できるということです。それだからこそ、相手に応じた適切な教化ができるわけですが、私たちも、すがたを変えることは不可能でも、せめて心はいつもオープンにして、少しでも相手の身になってものごとを感じとり、考えられるように努めたいものです。というのは、おそらくはここから、私たち自身に菩薩として生きる道が開けてくるからです。

最後に付言いたしますが、ここで述べました二面は、いうまでもなく相互に密接にかかわっており、しかも、根本的には仏の三昧そのものに裏づけられ、支えられております。私たちは、このことを忘れてはなりません。菩薩の活動は、さらには私たち自身の活動も、終始一貫、実は仏の力に依存し、仏の光に包まれて成り立っているのです。

＊1 相即はすべての現象が密接にかかわりあい、不離・一体であること。無礙は存在するもの同士が何の妨げもなく交流し融和すること。

＊2 身・口・意のそれぞれにおいてなされる行為、及び、それが生み出す力のこと。一つの行為は必ず善悪・苦楽の結果をもたらすという。

＊3 サンスクリット語のサンサーラの訳語。インド古来の考え方で、原義は、河がゆったりとはるかに流れ下るように、生と死がめぐっていくこと。定説化した思想でいえば、迷いの中にあるかぎり、生きとし生けるものはみな三界（欲界・色界・無色界）・六道（地獄・餓鬼・畜生・修羅・人間・天上）を生まれ代り死に代るということ。

# 第七講　発心の功徳

## 1　トラーヤストリンシャ天にて——第三幕

### スメール山の頂きへの章——第一場

『華厳経《けごんきょう》』という大宗教歌劇は、第九章から舞台がまた変わります。すなわち仏は、賢首《げんじゅ》菩薩《ぼさつ》の説示が終りますと、さとりの座から起たれないままに、すなわちさとりの世界を少しも離れずに、スメール山の頂のトラーヤストリンシャ天（忉利天《とうりてん》）へと昇られ、帝釈天《たいしやくてん》の迎えを受けてその宮殿である妙勝殿に入られます。このとき帝釈天は、自分が過去に十人の仏のもとで修行したことを思い起こし、それらの仏たち、すなわち迦葉如来《かしようにょらい》から錠光《じょうこう》如来までが、ともにすばらしい仏であり、それらの仏たちの集いがいまこの地に一体化しているがゆえにこの地は最もめでたい土地である、と讃《たた》えております。これから始まる妙勝殿の集いは、過去の仏たちの集会へと、時間を超えてつながっているというわけです。こうして第三幕「トラーヤストリンシャ天にて」の舞台の幕が上がります。

## 妙勝殿の菩薩たちの詩の章──第二場

さて、仏が妙勝殿に落ちつかれますと、そのもとへ十方《じっぽう》の十の世界から菩薩たちが集まってきます。第三幕の第二場、第十章「妙勝殿の菩薩たちの詩《うた》の章」(菩薩雲集妙勝殿上説偈品《ぼさつうんしゅうみょうしょうでんじょうせつげぼん》)は、その菩薩たちの代表格である法慧《ほうえ》菩薩など十人の菩薩たちのいわば讃仏詩のアリアがつづくのです。

いまその一部をご紹介しますと、たとえば二人目に登場する一切慧《いっさいえ》菩薩は、

**無量無数の劫《こう》に、常に如来《にょらい》を見ると雖《いえど》も、此の正法の中に於《お》て、猶《な》お未《いま》だ真実を覩《み》ず。**
**妄想して諸法を取り、癡惑《ぎわく》の網を増長し、生死《しょうじ》の中に輪廻《りんね》して、盲冥《めしい》て仏を見ず。**
**諸法を観ると雖《いえど》復も、猶お未だ実相を見ず。一切の法は生滅すと、但《た》だ仮の名字《みょうじ》に著《じゃく》す。**

はるかな昔から、常に仏にまみえながら、いまだに正しい教えの真実に目覚めない。〔あるいは〕思い迷ってものに執《とら》われ、愚かさと惑いを積み重ね、生死の中を経《へ》めぐって、まったく仏にお会いすることができない。もろもろの法を観察しても、いまだその真実の相を見ない。一切の法は生じ滅すると、〔無常を表す〕その仮の概念・文字にとらわれている。

などと、凡夫の愚かさを嘆きつつ、仏とその空《くう》なるさとりの世界を讃えております。また、

三人目の勝慧《しょうえ》菩薩は、

愚癡《ぐち》にして心迷惑し、妄《みだ》りに五陰《ごおん》の相を取り、真実性を了《さと》らず。是《こ》の故に仏を見ず。一切《いっさい》の法は皆悉《みな》真実なしと分別す。是の如《かく》く諸法を解せば、則《すなわ》ち盧舎那《るしゃな》を見る。

愚かさのために心惑い、あやまって五陰からなる自己に執着し、真実そのものをさとらない。そのために、仏を見ない。〔この世界の〕あらゆるものにはみな真実がないと区別して知る。もしも、このように存在するものを理解することができれば、盧舎那仏にまみえることができる。

などと、盧舎那仏との出会いは、ものごとの真相を知ることによって実現することを端的に説いております。

また、第九番目に登場する無上慧《むじょうえ》菩薩は、

慧日《えにち》、十方《じっぽう》を照らし、衆《もろもろ》の闇冥《あんめい》を滅除するも、また所照あるに非《あら》ず、また照らすこと無きに非ず。

常に寂静《じゃくじょう》の法を楽しみ、永く有《う》所依《しょえ》を離る。解脱《げだつ》して依所《えしょ》無ければ、一切《いっさい》の法に染《けが》れず。

善見の大智者は、真実の依住《えじゅう》する所なり。若《も》し二法あること無くんば、当《まさ》に知るべし、一もまた無し。

一も無くまた二も無く、一切はみな寂滅《じゃくめつ》し、三種の世間は空なり。是《こ》れ則《すなわ》ち諸仏の見なり。

〔仏の〕智慧《ちえ》の日は、十方を照らしてもろもろの暗闇を除くが、照らされるものがあるわけではなく、また照らさないのでもない。

〔仏は〕常に静かな安らぎを楽しみ、永く〔特定の〕よりどころを離れている。解脱されていて、よりどころをもたず、あらゆるものに染《けが》されない。

正しく見る大智者〔たる仏〕は、真実が依《よ》りとどまるところである。もしも二つの法があるのでなければ、一つの法もまたないと知られる。

一もなく、また二もなく、一切はみな寂《しず》まっており、〔五蘊《ごうん》と衆生と国土という〕三種の世間は〔ともに〕空である。これが仏たちの見方である。

などと、仏とその世界の真実を明示します。空の思想を基調として、むずかしい内容も含まれておりますが、これらのアリアには、じっくりと耳を傾け、味わうべきものが少なくないように思われます。

## 十住の境地の章──第三場

次の第三場「十住の境地の章」(菩薩十住品《ぼさつじゅうじゅうぼん》)は、その名のとおり、菩薩の最初の段階として設定される十の境地がどういうものであるかを明らかにします。この章の主人公は前の場面でリーダーを務めた法慧菩薩ですが、かれは仏の神力を承《う》けて「菩薩無量方便三昧」という深い瞑想《めいそう》に入り、やがてそこから起《た》ってこの十住を説き明かしたといわれます。

ところで、この「十住」の境地とは、おそらくもともとは、これだけで菩薩の境地の発展を全体的にまとめて示したものと思われます。それは、本章に相当する古訳の独立経典として『菩薩十住経』が存在することからも推定できます。しかし、『華厳経』の編纂《へんさん》・製作者たちは、菩薩の境地を四十段階に分け、この「十住」をその最初の十段階とみなしました。そのため、本章の内容と位置づけとの間に、少しぎくしゃくしたところが感じられますが、これはやむをえないことでしょう。

ちなみに付言いたしますと、本章の後半では菩薩の発心、すなわち、仏のさとりを実現しようという菩提心の発起の因縁が述べられ、重ねて十住の境地の性格が明らかにされております。しかしこの部分は、『菩薩十住経』には含まれておりません。このことから推測すれば、それはあるいは『華厳経』が集成される際に次章との連関をはかり、全体の体裁を整えるために付加されたものなのかもしれません。

さて、この十住の境地の教説は、詳しく見ますと、それぞれの境地ごとに修められる十法と、さらに進んで学ばれるべき十法とがいちいち示されております。しかし、要点をとって申しますと、それらの境地の基本的な特徴は次のようにまとめてよいようです。

① 初発心住――仏にまみえ、仏の教えを聞き、さとりへの心を固める。
② 治地《ちじ》住――悲《あわれ》みと慈しみの心を増す。

③修行住――智慧を磨く。
④生貴《しょうき》住――ものの正しい見方を徹底させていく。
⑤具足方便住――利他の心を修め、生きとし生けるものの心を浄《きよ》める。
⑥正心住――動揺しない心を体得し、空《くう》のさとりを確固としたものにする。
⑦不退住――ふらふらすることがまったくなくなり、一と多の相即や有と無との
一体について教える手立てを身につける。
⑧童真住――自己を確立し、仏の世界のすべてを知ろうと努める。
⑨法王子住――聖と俗をともに理解し、完全で自在な智慧を獲得する。
⑩灌頂《かんじょう》住――真実の智慧に安住し、すべての生きとし生けるものに仏の智慧を具《そな》
えさせようと励む。

これから知られますように、十住は菩薩の実践、ないし心境の発展段階を表し、それぞれに固有の性格をもっております。けれども、それと同時に、全体的な特徴として忘れてはならない点が一つあります。それは、

**所聞《しょもん》の法あるに、即ち自ら開解《かいげ》す。他に由《よ》りて悟らず。**

教えを聞くと、すぐに自分で理解する。他人の力を借りてさとるのではない。

ということばが、十住のそれぞれの境地の描写に添えられているということです。『華厳

経』は、一方において仏の力、仏の支えを強調しながら、他方また、修行者の主体的な自覚を菩薩道のかなめとして力説するのです。

不退住

では、これら十住の境地の中で、後代の華厳思想との関連においてとくに注意する必要があるのはどこでしょうか。思うに、それは第七の不退住（あるいは不退転住。もはや後退することのない境地）です。というのは、この境位において一つのものと多くのものとの一体性の把握がなされるとされており、この教説が中国仏教に特徴的な「無礙《むげ》」の思想の形成へと展開する一つの根拠となっているからです。そこで次にこの部分をとくに取り出して紹介しておきましょう。

諸《もろもろ》の仏子《ぶっし》よ、何等《なんら》か是《こ》れ菩薩摩訶薩《ぼさつまかさつ》の不退転住《ふたいてんじゅう》なる。此の菩薩は十種《じっしゅ》の法を聞きて、其の心賢固《こころけんご》にして動転《どうてん》せず。何等をか十と為す。所謂《いわゆる》、有仏《うぶつ》と無仏《むぶつ》とを聞くも、仏法《ぶっぽう》の中《うち》に於《おい》て退転《たいてん》せず。法有《ほうあ》るも、法無《ほうな》きも、仏法の中に於て退転せず。菩薩有るも、菩薩無きも、仏法の中に於て退転せず。菩薩の行《ぎょう》有るも、菩薩の行無きも、仏法の中に於て退転せず。菩薩の行は生死《しょうじ》を出《い》ずるも、生死を出でざるも、仏法の中に於て退転せず。過去仏《かこぶつ》有るも、過去仏無きも、仏法の中に於て退転せず。未来仏《みらいぶつ》有るも、未来仏無きも、仏法の中に於て退転せず。現在仏《げんざいぶつ》有るも、現在仏無きも、仏法の中に於て退転せず。仏智《ぶつち》に尽《つ》くること有るも、尽くること無きも、仏法の中に於て退転せず。三世《さんぜ》の法の一相《いっそう》なるも、一相に非《あら》ざるも、仏法の中に於て退転せざるなり。是《これ》を十と為す。

諸の仏子よ、彼《か》の菩薩は応《まさ》に十法《じっぽう》を学ぶべし。何等をか十と為す。所謂、一は即《すなわ》ち是《こ》れ多《た》、多《た》は即ち是れ一なるを知り、味《み》に随《したが》いて義を知り、義に随いて味を知り、非有《ひう》は是れ有《う》なるを知り、有は是れ非有なるを知り、非相《ひそう》は是れ相なるを知り、相は是れ非相《そう》なるを知り、非性《ひしょう》は是れ性《しょう》なるを知り、性は是れ非性なるを知るなり。何を以《もっ》ての故に。一切《いっさい》の法に於て、方便《ほうべん》を具足《ぐそく》せんと欲するが故なり。所聞《しょもん》の法有《ほうあ》れば、即ち自《みずか》ら開解《かいげ》して、他《た》に由《よ》りて悟《さと》らず。

仏の子たちよ、菩薩の不退転住とはどういうものか。この菩薩は、次の十種の教えを聞くときに、心が確固として動揺しない。その十種とは何かといえば、仏がおられると聞き、仏がおられないと聞いて、仏の教えから後退しないこと、教えが存在すると聞き、教えが存在しないと聞いて、仏の教えから後退しないこと、菩薩がいると聞き、菩薩がいないと聞いて、仏の教えから後退しないこと、菩薩の実践があると聞き、菩薩の実践がないと聞いて、仏の教えから後退しないこと、菩薩の実践によって迷いの世界から出られると聞き、出られないと聞いて、仏の教えから後退しないこと、過去に仏がおられたと聞き、おられなかったと聞いて、仏の教えから後退しないこと、未来に仏が現れると聞き、現れないと聞いて、仏の教えから後退しないこと、現在仏がおられると聞き、おられないと聞いて、仏の教えから後退しないこと、仏の智慧は尽きることがあると聞き、尽きることがないと聞いて、仏の教えから後退しないこと、〔過去・現在・未来の〕三世の法は一つであると聞き、一つでないと聞いて、仏の教えから後退しないこと——以上の十種がそれである。

仏の子たちよ、〔このようにして心を固めた〕その菩薩は、〔次に〕十種のきまり（法）を学ぶ。それらは何かというと、一つであることがそのまま多くあることであると知ること、多くあることがそのまま一つであること〔と知ること〕、味わいに従って意味を知ること、意味に従って味わいを知ること、存在しないことが存在することであると知ること、存在することが存在しないことであると知ること、特徴をもたないことが特徴をもつことであると知ること、特徴をもつことが特徴をもたないことであると知ること、本性でないことが本性であると知ること、本性であることが本性でないことであると知ること、である。それはどうしてかといえば、あらゆるものに関して〔この菩薩は〕正しい手立て（方便）を具えようとするからである。〔この菩薩は〕教えを聞くと、すぐに自分で理解する。他人の力を借りてさとるのではない。

ここには、私たちが矛盾するもの、あるいは反対のものとして捉《とら》えるあらゆる事柄について、その一体性・相即性が明らかにされるわけですが、忘れてはならないことは、それを知ることが、不動の境地を獲得した菩薩の「方便」として、つまり、衆生を導き救うために必要な手立てとして説かれていることです。私たちのものの考え方の大原則になっているともいえる矛盾律からの解放——それが菩薩の実践には不可欠であるのでしょう。しかし、東アジアの華厳思想の担い手たちは、すでにふれたように、この「精神」を身につけることよりも、その「論理」を磨きあげることにいっそう力を注いだのです。ここに華厳思想の一つの問題点があります。

### 「一」と「多」の一致の思想

ちなみに申しますと、このような「一」と「多」、ないし、「一」と「全体」との一致の思想は、『華厳経』に限ったことではありません。このことは、つとにインド哲学の世界的権威である中村元先生が指摘されたところで、後代の中観派の文献にも表れますが、西洋思想の中にも見出《みいだ》されます。たとえば、新プラトン派の開祖とされるプロティノス（二〇五—二七〇）は、『エンネアデス』において、

すべての存在は、その幅と深みにおいて互いにはっきりと知られる。光は光を貫いて走る。しかもそのおのおのは、自らのうちにすべてを含み、同時に、互いの中にすべてを見る。だから、どこにでもすべてがあり、すべてはすべてであり、それぞれがすべてであり、無限の栄光である。……何らかの存在の仕方がそれぞれを支配しているが、すべ

ては他のそれぞれに映し出されている。

などと説いております。プロティノスはインド思想の影響を受けたと伝えられますが、まことに、前述した『華厳経』「十住品」の思想と比較される、透徹した存在の見方です。それは、神の実在を体得できた人のみが描きうる神の内なる風景とでもいうべきものかもしれません。

## 清らかな実践の章――第四場

次の第四場「清らかな実践の章」（梵行品《ぼんぎょうぼん》）では、初めに正念という名の天子が登場し、十住の境位の完成に必要な実践について法慧菩薩に尋ねます。すると法慧菩薩が、これに答えて二種類の「十法」の修得を説き示します。その教説が、本章の主な内容です。

さて、その中でとくに注目されますのは、何よりも、①身体（身《しん》）、②身体的行為（身業《ごう》）、③口、④言語的行為（口業《くごう》）、⑤こころ（意）、⑥精神的行為（意業《いごう》）、⑦仏、⑧教え（法）、⑨教団（僧）、⑩戒め（戒）、の十法を正しく認識すべきことが主張されていること、および、そのためにまず「問う」ことの重要性が指摘されていることです。すなわち、「身体は清らかな実践（のよりどころ）であるか」、「身体的行為は清らかな実践であるか」、……「戒めは清らかな実践であるか」、と問うことが大切であるというのです。

私たちは多くの場合、現実にあるものや実際に説かれている教えをそのまま認め、受け入れて、それらについて問い、改めて考えてみるということをしません。本章は、まさにそのような態度が正しい生き方への道を閉ざす根本の問題であるとみなし、問いを糸口として私たちがもっている固定的・実体的な観念を打ち破り、私たちを空《くう》のさとりへと導こうとしているように思われます。

意味のわからない会話のことを「まるで禅問答のようだ」とよくいいます。このことばからも推察していただけるでしょうが、中国で発展する禅宗では、問答を重んじます。すなわち、禅の修行者は、師や先輩の修行者に対してしばしば問いかけることによって心を磨き、また逆に師や先輩の修行者は若い修行者に対して問いを投げかけてさとりへと導こうとします。禅宗には、問い、答え、また問い、答えるという形で、つまり問う側からいえば、問い尽くしてその果てにさとりを実現するという筋道があるのです。本章における問いの重視は、このような禅の精神にも一脈通ずるものでしょう。

なお、本章の末尾には、東アジアの仏教者たちが『華厳経』の中で最も好んだ次のことばが見えます。

**初めて発心する時、便《すなわ》ち正覚を成《じょう》ず（初発心時、便成正覚）。一切《いっさい》の法の真実の性を知り、慧身《えしん》を具足《ぐそく》するに、他に由《よ》りて悟《さと》らず。**

初めてさとりへの心を発《おこ》すときに、たちまち仏のさとりを完成する。〔そのときに菩薩は〕あらゆる存在の本性を知って智慧の身を実現するが、そのさとりは他人の力を借りて開かれるのではない。

これは、おそらく菩薩の実践の本質的な意味を明らかにしたもので、仏教の実践論の一つの帰結を表しております。それゆえ、私たちは、しばしば誤解されてきたように、これを「はてしなくつづく修行を軽視、または無視した思想である」などと決して短絡的に考えてはなりません。この点は、のちに明らかにされてきます。

## 2　発心について

### 発心の功徳の章――第五場

次の第五場「発心の功徳の章」（初発心菩薩《しょほっしんぼさつ》功徳品《くどくほん》）では、問い手は帝釈天《たいしゃくてん》に代ります。しかし、答え手は同じく法慧菩薩です。そして、ここの主題は、発心した菩薩の力やはたらきがどれほどであるかを明らかにするということで、全体はかなりの長編です。しかし、その要点ははっきりしております。すなわちそれは、あらゆることを知り、仏の力と智慧を身につけようと決意したばかりの初発心の菩薩は、実は仏と同じである。だから、彼がもっている力やはたらきも無限であり、計り知ることはできない、ということです。

何事であれ初心こそ最も重要です。山登りには「よし、登るぞ」と決めて踏み出す最初の一歩、水泳には「よし、泳ぐぞ」と決めてくり出す最初の一かきが何よりも肝要であることは、私たち自身が経験しているところです。本章における法慧菩薩の教説は、この不滅の真理を宗教的な場においてつきつめ、論理化しているといってよいでしょう。そこにはさまざまのすぐれた教説が示されておりますが、とくに「仏たちは、自在の力をもって初発心を浄め飾られる」とか「仏の無量の力は、みな初発心にもとづいている」といった教えの意味を、私たちはよく考えてみたいものです。

## 限りなき発心

なお、発心について、二つほど注意しておきたいことがあります。

その第一は、発心は決して一回限りのものではないということです。道元禅師は、主著『正法眼蔵《しょうぼうげんぞう》』の「発無上心」の巻で、「しかあるに、発心は一発にしてさらに発心せず、修行は無量なり、証果は一証なりとのみきくは、仏法をきくにあらず、仏法をしれるにあらず、仏法にあふにあらず」といっておられます。発心とさとりをちょうどマラソンのスタートとゴールのようにみなし、一度発心したらあとは長い長い修行がつづき、最後に仏のさとりというゴールに到達すると考える人は、まったく仏教を知らない人だというのです。まことの仏教では、発心のしつづけ、さとりの開きつづけの中で、私たちの実践は展開していくと見なければなりません。

このことは裏側からいえば、常に煩悩《ぼんのう》と格闘しながら進んでいくということです。大乗仏教ではよく「煩悩を断つことなく涅槃《ねはん》を得る」といった言い方をしますが、私たちの現実に即していえば、煩悩は断とうにも断てないものではないでしょうか。一つの煩悩を断ったかと思うと、また次の新たな煩悩が起こってきます。いってみれば、はるかな過去からの生死の積み重ねの中で、私たちはみな、奥深い業《ごう》的なものを抱え込んでおります。過去からの迷いの世界を生きつづけてきた私たちが、そう簡単に煩悩を断ち切れるはずがないのです。しかし、煩悩を断てないままに、いな、断てないからこそ、発心しつづけていく、そこに、涅槃がおのずから実現していく道が開かれていると信じられ、実践されてきたのが大乗の菩薩道ではないでしょうか。

## 浄土教と発心

第二は、浄土教では発心は問題にされないと理解されがちなことです。たしかに、たとえば親鸞《しんらん》聖人は、「自力聖道*1の菩提心*2は、私たち凡夫には発《おこ》すことができない」といわれました。しかし、今後の講述において次第にいっそう明らかになると思いますが、実は菩薩の実践のすべてが、仏の力に支えられ、よき友の助けを得てはじめて成立するものなのです。だから、厳密な意味では「自力の菩提心」というもの自体がありえません。親鸞聖人のいわれる、阿弥陀《あみだ》如来から差し向けられる願作《がんさ》仏心*3、度《ど》衆生心*4こそ、むしろ『華厳経』の菩薩が発す菩提心の本質であるといえるのです。親鸞聖人が主著『教行信証』の「信」の巻に中国の道綽《どうしゃく》禅師（五六二—六四五）の『安楽集』の、

『大経《だいきょう》』にいはく、「おほよそ浄土に往生《おうじょう》せんとおもはば、かならず発菩提心《ほつぼだいしん》をもちゐるをみなもととす」。いかんぞ、菩提はすなはち無上仏道《むじょうぶつどう》の名なり。もし発心作仏《ほっしんさぶつ》せんとおもはば、この心広大《しんこうだい》にして法界《ほっかい》に周偏《しゅうへん》せん。この心長遠《しんちょうおん》にして未来際をつくす。この心あまねくつぶさに二乗*5のさはりをはなる。もしよくひとたび発心すれば無始生死《むししょうじ》の有輪《うりん》*6をかたぶく、と。

という一文を引かれるのも、まさしく浄土往生の基本にほんとうの意味での発心があることに共鳴しておられるからでしょう。日本に入って法然《ほうねん》上人から親鸞聖人へと展開してくる浄土教においても、真の発心に根ざす浄土往生の道が示されているのです。

## 法の説示の章──第六場

話を『華厳経』にもどしましょう。

トラーヤストリンシャ天の最後の場面である第六場は、「法の説示の章」(明法品《みょうほうぼん》)と名づけられ、妙勝殿に集まった菩薩たちの代表者十人のうち、五番目の精進慧菩薩が初発心の境位から展開していく菩薩道の具体的なあり方を問い、これにまた法慧菩薩が答える、という枠組みです。要するに本章は、先の教説をふまえて、その教説が決して綿密な修行の持続を否定するものではなく、むしろ発心に根ざす修行によって、もともと仏と同質の発心の境位のはたらきが発現してくることを明らかにします。いわば、悪しき修行不要論への歯止めの章にほかなりません。

このような意味合いから、ここではまず不放逸、つまり、自分勝手な振舞いをしない態度を身につけることが十種の法として示されます。つづいて、「褒めことばを聞いても、悪口を聞いても、喜んだり憂えたりしない」とか、「生きとし生けるものを平等に見て、どういう人でも生きものでも、みな仏と同じであると念想する」といった十種の浄らかな教えの実践が説かれます。これらの教えは、自分本位で毀誉褒貶《きよほうへん》に一喜一憂し、優越感と劣等感の間をたえず行ったり来たりしている私たちへの頂門《ちょうもん》の一針ではないでしょうか。

このあと、本章ではさらにいく種類もの「十法」が菩薩の実践徳目として挙げられます。その中には「もろもろの存在は、みな心にもとづいて作られる」という唯心の思想や、後のいくつかの章に説かれる「十波羅蜜《じっぱらみつ》*7」の説示などとともに、仏教の存続そのものにかかわる仏・法・僧の三宝の興隆についての教説も見えます。それによりますと、真に仏教を支え、盛んにしていくゆえんは、結局のところ、私たち一人ひとりが自己への執《と》われを離れてひたすら仏の教えに従い、生きとし生けるものの目覚めのために尽くそうと決意し、その実行に務めることである、とされます。たしかにそのとおりでしょう。「法は人に依る」――私たちは、このことばを深くかみしめたいと思います。

＊1　浄土教でいわれる、自分の修めた善行によってさとりを実現しようとする仏教。他力浄

土に対する。

＊2　さとり（菩提）を得たいと願う心。さとりを求める心。大乗仏教では一般に仏道の根幹とされる。

＊3　仏になろうと願う心。

＊4　「度」は渡すの意で、衆生をさとりの岸へ渡そうとする心。衆生を救済しようとする心。

＊5　乗は教えの意。菩薩乗に対することばで、声聞乗と縁覚乗をいう。声聞はブッダの教えを聞き、自らのみ阿羅漢となることを理想とする修行者。縁覚は師をもたず独自に縁起の真実を観察してさとりを開き、他に対して教えを説かない修行者。独覚ともいう。いずれも自分のさとりだけを求め、利他の心がない教えとして、大乗仏教では批判的に伝統仏教をこの二種にまとめる。

＊6　有は迷い・苦しみの世界のことで、これを車輪に喩《たと》えたもの。輪廻《りんね》の世界。

＊7　大乗仏教において、菩薩が修得をめざす十種の実践の徳目。六波羅蜜（布施・持戒・忍《にん》辱《にく》・精進・禅定・智慧）に方便・願・力・智の四つを加えたもの。

# 第八講　深まりゆく境地

## 1　ヤマ天にて──第四幕

### ヤマ天への章──第一場

舞台はさらに展開し、仏は「菩提樹《ぼだいじゅ》、および帝釈天《たいしゃくてん》の宮殿を離れず」に、ヤマ天（夜摩天）へと昇られ、ヤマ天王に迎えられてその宝荘厳殿に落ちつかれます。これが第四幕「ヤマ天にて」（夜摩天宮会）の第一場「ヤマ天への章」（仏昇夜摩天宮自在品《ぶっしょうやまてんぐうじざいぼん》）で、この場面でも、先の「トラーヤストリンシャ天にて」の冒頭部分と同じく、過去の仏の出現と重ね合わされる形で、この地が最もめでたいところであることが讃《たた》えられております。

### ヤマ天宮の菩薩たちの詩の章──第二場

つづく第二場「ヤマ天宮の菩薩《ぼさつ》たちの詩の章」（夜摩天宮菩薩説偈品《やまてんぐうぼさつせつげぼん》）では、仏の神力を承《う》けて、はるか彼方の無量慧世界などから、それぞれの世界を代表する菩薩たちが仲間を伴って仏のもとへ集まってきます。そこで仏は、両足の指から十万億の光明を放ち、十方《じっぽう》の一切の世界を照らされます。この光の中で、菩薩たちの讃仏詩が詠《うた》い出されます。

その讃嘆詩の中から、二、三、目につくものを紹介してみましょう。

まず、初めに登場する功徳林菩薩は、

普《あまね》く浄き光明を放ち、遍《あまね》く十方《じっぽう》の界を照らしたもう。一切《いっさい》のもの、悉《ことごと》く仏を観《み》ること、通達して障礙《しょうげ》無し。

仏は夜摩宮《やまぐう》の、蓮華宝座《れんげほうざ》の上に処したもう。一切の諸《もろもろ》の世間に、奇特なること未《いま》だ曾《かつ》て有らざるなり。

十如来を讃歎するに、衆生、皆《みな》悉聞く。世尊の大衆の会には、一切のもの、見ざる無し。

普く十方の界に於て、無上の法を演説したもうに、亦《ま》た悉く名字を同じうすること、我が菩薩衆の如し。

各《おのおの》十方の界より、此の処に来詣す。彼の諸の上人等は、清浄《しょうじょう》に梵行《ぼんぎょう》を修せり。

……

衆生、如来を見るに、無量の自在力あり。世を離れし大仙人にして、功徳蔵無量なり。

十方の界に遊行《ゆぎょう》して、一切に障礙《しょうげ》無く、一身を無量と為し、無量身を一と為す。

功徳、甚《はなは》だ深妙《じんみょう》にして、一切のもの能《よ》く測ること莫《な》し。著《じゃく》すること無く依る所無く、清浄なること虚空《こくう》の如し。

〔仏は〕浄《きよ》らかな光明を放って、くまなく十方の世界を照らし出された。一切のものはみな、何の障害もなくはっきりと仏を見る。

仏は〔いま〕ヤマ天の宮殿の蓮華宝座に座っておられる。〔このようなことは〕あらゆる世間においていまだかつてなかった、珍しく特別なことである。

〔ヤマ天の王は〕十人の〔過去の〕仏たちを讃えたが、衆生はみな〔それを〕聞いた。世尊《せそん》の集いでは、一切のものがみな〔世尊を〕見るのである。

〔十人の如来《にょらい》は〕あまねく十方の世界で無上の法を説き示される。〔それらの世界の〕名もみな同じであることは、われわれ菩薩たち〔の名がそうであるの〕と同様である。

〔われわれ菩薩たちは〕それぞれ十方の世界からここにやって来たが、この修行者たちは、〔みなそれぞれに仏のもとで〕浄らかに梵行《ぼんぎょう》を修めた。

……

衆生が仏を見るに、〔その仏は〕無量の自在の力があり、世間を超え離れた大仙人であり、無量の功徳を具《そな》えておられる。

〔だから、仏は〕十方の世界を何の障害もなく自由自在に遊行《ゆぎょう》され、一身から無量の分身を作り出し、無量の分身を一身に収めもする。

〔仏の〕功徳ははなはだ深く微妙であり、誰も〔それを〕推し測ることはできない。

〔仏〕は執《とら》われることも依《よ》るところもなく、虚空のように浄らかである。

と詠い出します。この集いの性格と仏のはたらきを見事にまとめているといえましょう。

また、九番目に登場する如来林菩薩は、心の本質を鋭く掘り下げ、

無し。
譬《たと》えば工《たく》みなる画師の、諸《もろもろ》の彩色を分布するが如し。虚妄《こもう》に異色を取るも、四大に差別《しゃべつ》
四大は彩色に非《あら》ず、彩色は四大に非ざるも、四大の体を離れて而《しか》も別に彩色有るに非ず。
心は彩画せらるるに色に非ず、彩画せらるる色は心に非ざるも、心を離れて画《か》かるる色
無く、画かるる色を離れて心無し。
彼の心は常住ならず、無量にして思議し難し。一切《いっさい》の色を顕現するも、各々相知らず。
工みなる画師の、画心を知る能《あた》わざるが猶如《ごと》く、当《まさ》に知るべし、一切の法も、其の性亦
た是《かく》の如し。
心は工みなる画師の、種々の五陰《ごおん》を画くが如く、一切の世界の中に、法として造らざる
無し。
心の如く仏も亦た爾《しか》り。仏の如く衆生も然り。心と仏と及び衆生と、是の三に差別無し。
諸仏は、悉く一切は心より転ずと了知したもう。若《も》し能《よ》く是の如く解せば、彼《か》の人は真
の仏を見ん。
心も亦た是れ身に非ず。身も亦た是れ心に非ざるも、一切の仏事を作《な》すに、自在なるこ
と未曾有《みぞう》なり。

**若し人、三世の一切の仏を求知せんと欲せば、応当《まさ》に是の如く観ずべし、心は諸の如来を造る、と。**

喩《たと》えば巧みな画家が、さまざまの彩色を塗り分けるようなものである。〔彼は〕迷いつつ異なった色を用いるが、〔それらの色は、みな地・水・火・風の〕四元素〔から成るのであって、これ〕に区別はない。

〔もちろん、この場合〕四元素〔そのもの〕が彩色ではなく、彩色〔そのもの〕が四元素であるわけではないが、〔同時に〕四元素の本体を離れて別に彩色があるのでもない。

〔また、画家の描く〕心が彩り描かれる色ではなく、彩り描かれる色が心ではないが、その心を離れて描かれる色はなく、描かれる色を離れて心はない。

その心は、永遠・不滅ではなく、無量であって、思いはかることはむずかしい。〔それは〕一切の色を現し出すが、それぞれ互いに相知らない。

ちょうど、巧みな画家が〔自分の〕画心を知ることができないように、一切のものも、その本性はこれと同じであると知るべきである。

心は、巧みな画家が、〔物質・感受・想念・意思・認識という〕さまざまの五陰《ごおん》〔から成る人〕を描き上げるように、一切の世界においてあらゆるものを造り出す。

心のように、仏もそうであり、仏のように、衆生もそうである。心と仏と衆生との三者に、区別はない。

仏たちは、みな、一切のものは心から起こるということをはっきりと知っておられる。
もしもこのように理解することができれば、その人は真の仏を見るだろう。
〔だが、その〕心は身ではなく、身も心ではない。〔しかも両者は、かかわりあって〕
いまだかつてなかったほど自在に、一切の仏事を行う。
もしも人が、三世の一切の仏を知りたいと思うなら、このように観察すべきである。
心がもろもろの仏を造る、と。

と讃えます。この詩の後半部分は、すでにふれたように、「唯心偈《ゆいしんげ》」として、現在も東大寺《とうだいじ》では日常的に読誦《どくじゅ》されます。（ただし、一部は『八十華厳』の文句に代っています）。とくに最後の一句は「破地獄偈《はじごくげ》」といって、地獄の苦しみからも救い出すことのできる神秘的な力をもつ呪文として広く流布しました。さらに、たとえば天台宗の思想、いわゆる天台教学の基盤の確立には、この詩に示される心と仏と衆生との一体視が大きく寄与しております。これは、華厳宗のみならず、東アジア世界の仏教の形成に広く、かつ重大な影響を与えたものなのです。

このほか、第六番目の精進林菩薩が詠う詩には、一と十とのかかわりについての数学的な観念を用いて、存在するものの間の無礙《むげ》の関係を明らかにする教説も出てきます。これも、第一講で述べた「一つがすべてである」という考え方の完成に大きなヒントになっております。

## 十行の境地の章――第三場

十人の菩薩たちによる仏の讃仰が終りますと、舞台は第三場「十行の境地の章」（功徳《くどく》華聚菩薩十行品《けじゅぼさつじゅうぎょうぼん》）となり、再び前章においてリーダー役を務めた功徳林菩薩が現れます。そして、仏の神力を承けて「菩薩善伏三昧《ぜんぷくざんまい》」という瞑想《めいそう》に入り、やがてそこから出て「十《じゅう》行《ぎょう》」の実践について語り出します。

この十行は、①歓喜行（喜びの実践）、②饒《にょう》益《やく》行（他のための実践）、③無恚《む》恨《いこん》行（恨みなき実践）、④無尽行（はてしなき実践）、⑤離痴《りち》乱《らん》行（心澄む実践）、⑥善現行（空《くう》なる実践）、⑦無著行（執着なき実践）、⑧尊重行（尊重の実践）、⑨善法行（自在の実践）、⑩真実行（真実の実践）と名づけられております。内容的には、ほぼ十波《じっぱ》羅蜜《らみつ》の実践に対応しているように思われます。

さて、これらの教説の中でとくに注意されるものとして、まず第一の「歓喜行」が挙げられます。これは基本的には十行の段階に入ったこと自体がもたらす心情を表すのでしょうが、その喜びが生まれてくる根拠が、われ・わがものへの執《と》われを離れ、報いを求めず、名誉を求めず、生きとし生けるものに平等に施すという、徹底した利他の実践に置かれていることが重要です。菩薩には、衆生のためにし、衆生を喜ばせることが自分の喜びとなるほかはない。――「歓喜行」は、この菩薩の実践理想を高く掲げているといえましょう。

次に、私たちの日常に照らして味わってみたいのは、第三の「無恚恨行」の教説です。

これは、さまざまのことを耐え忍んで怒りや恨みを捨てる修行を意味しますが、経典には、この修行が進むと、謙虚さ、敬う心、おだやかな態度、愛情のこもったことばなどが身につくと説かれております。たしかにそのとおりではないでしょうか。菩薩はこの境地にいたると、どういう罵声《ばせい》を浴びても、どういう苦しみにさらされても怒らず、ただひたすら相手が正しい教えを喜び、ついにはさとりを開くことができるようにと念ずる、とも示されます。

大乗の立場において、釈尊《しゃくそん》の前生譚《ぜんしょうたん》の一つとしてこの真実を劇的に構成したものが、『法華経』に出てくる常不軽菩薩の実践、すなわち人から悪口をいわれ、杖で打たれ、石をぶつけられても、「あなたがたは必ず仏となられます」といって礼拝しつづけたという行いでしょう。少し我慢すればすむのに、それができず、わずかなことで相手を怒ったり恨んだりし、そのために自他ともに傷ついてしまう。——そういうことをくりかえす私たちのいたらなさを、この教説は痛切に気づかせてくれるのではないでしょうか。

詩人宮沢賢治《みやざわけんじ》（一八九六—一九三三）が、前の常不軽菩薩の説話に感動し、

われは不軽ぞ　かれは慢
こは無明なり　しかもあれ
いましも展《ひら》く法性と
菩薩は礼をなし給う

などと詠っていることが思い起こされます。

さらに、最後の「真実行」とは、簡潔に申しますと、言行一致による主体的な正しい教えの完成です。この段階に入った菩薩は、「私は、衆生に頼まれてさとりへの心を発《おこ》したのでもなく、修行を積んでいるのでもない。私が自分から発心したのであり、私はすべての衆生に仏の智慧《ちえ》を体得させようと思う」と思惟し、「苦しむ衆生を残してさとりを完成するのは正しくない。かれらをすべてさとりへと導いてから仏になろう」と誓いを新たにする、と説かれます。この教説からすぐに思い出されるのは、前にも少しふれましたが、『無量寿経』に示される阿弥陀仏《あみだぶつ》の前身である法蔵菩薩の誓願です。法蔵菩薩は、修行中、

世尊よ、もしも私の仏国土に、地獄に堕《お》ちる者や、動物に生まれる者や、餓鬼の境地に陥る者や、アスラの仲間となる者があるようなら、その間は私は無上のさとりを実現することがありませんように（第一願）。

世尊よ。もしも私の仏国土に生まれた衆生が、みな、大いなる心の安らぎにいたるまでの間、いつかは正しく目覚めることが決定している状態にいないようなら、その間は私は無上のさとりを実現することがありませんように（第十一願）。

という願いなど、五十近くの誓願を立てられたといわれます。「真実行」の教説には、この法蔵菩薩の場合と本質的にはまったく変わらない、大乗の修行者が根底にもつべき誓願が示されているのです。

## 無尽の宝の蔵の章――第四場

舞台はさらに、「ヤマ天にて」の最後の第四場「無尽の宝の蔵の章」（菩薩十無尽蔵品《ぼさつじゅうむじんぞうぼん》）へと移ります。主人公はやはり功徳林菩薩で、彼はここで「十蔵」について説示します。おそらく前の十行の実践の教説を内実の面から補強する役割を担う一章なのでしょう。内容的には、「十蔵」は、章名から推測できるように、「十の無尽蔵の宝」を意味するようです。①信（信ずること）、②戒（戒めをたもつこと）、③慚《ざん》（自分に恥じること）、④愧《き》（悪を恥じること）、⑤聞《もん》（多くのことを聞き学ぶこと）、⑥施《せ》（施すこと）、⑦慧《え》（如実に知ること）、⑧念（正しく念ずること）、⑨持（聞いて受持すること）、⑩弁（教えを説くこと）を指します。

この十蔵は、実は原始仏教以来、説かれてきた七財の思想を大乗的に拡大・充実させたものにほかなりません。十蔵のうち、前の七つの徳目の名称は、七財とまったく同じです。このことからも、私たちは『華厳経《けごんきょう》』が伝統仏教に反対するのではなく、むしろ積極的にそれを吸収した上で、仏教の再構築をはかろうとしたものであることを知ることができます。

さて、前述の「十の宝の蔵」の中で、まず注意されるのは、全体の基本ともなっていると考えられる第一の「信」です。では、その「信」の中味はどういうものでしょうか。結論からいえば、それは、深く空《くう》の真実を信じることです。そして、この「信」の上に、仏たちの教えの不可思議（思いはかることができないこと）、衆生の不可思議、時間の不可思議などを聞いても少しも驚き怖れないという、確固とした心が打ち立てられることが述べられております。これは、要するに大乗仏教の依って立つところを再確認したものといえましょう。経典が説くとおり、まさしく私たちは正しい信仰心によってこそ、「如来の乗り物」（如来乗）に乗り、利他の道を歩みつづけることができるのではないでしょうか。

次に、第六の「施」を見てみます。「施」、すなわち施すことは、大乗仏教の根幹的な実践徳目である六波羅蜜の第一に掲げられます。このことからもその重要性が知られましょうが、ここでは、この「施」に施法《せほう》・最後難施法《さいごなんせほう》・内施法・外《げ》施法・内外《ないげ》施法・一切施法・過去施法・未来施法・現在施法・究竟《くきょう》施法の十種があるとされます。

いま、その要点を押さえてみると、これらは結局、自己および自己の所有物への執われを離れて、貧しい人、困っている人、苦しんでいる人に、そのいずれでも惜しみなく与えるということに帰着するようです。のちに六世紀の中頃中国で生まれ、東アジア世界に流布した『像法決疑経《ぞうぼうけつぎきょう》』には、仏・法・僧の三宝を敬うことよりも、そうした恵まれない人びとや小さな弱い生物を救い守るほうが大事であると説かれております。それは、ここに示される「施」の精神をぎりぎりにまでつきつめたものということができましょう。

現在、仏教界や仏教学界では、臓器移植の際の臓器の提供がこのような布施の精神に適《かな》うものかどうか、一つの大きな問題になっています。たしかにこの教説の中でも、たとえば菩薩は「肢節・血・肉・頭・目・髄・脳」さえも喜んで乞う人に施そうと念じる、ということが説かれておりますから、臓器の提供は、一つの立派な仏教的行為であるように見えます。しかし、同時に、ここでの「施」が、生きている菩薩が行うものであること、あらゆる執われや、「これをしてあげたら、あれをしてもらえる」といったギブ・アンド・テイクの思いを離れ、純粋な利他の願いにもとづくこと、施される対象が任意の「乞う人」であることなど、大きな違いがあることも見逃してはなりますまい。

現世における生物学的な意味での生命だけを絶対視し、臓器をあたかも機械の部品のようにみなし、そしてほとんどの場合、何らかの執われに支えられながら議論されている現代の臓器提供は、決して単純に菩薩の実践としての「施」と同一視はできないのです。

## 2　トシタ天にて――第五幕

### トシタ天への章――第一場

功徳林菩薩の十蔵の説示が終りますと、仏はさらにもとの菩提樹の座、およびスメール山頂の妙勝殿の上のヤマ天の宝荘厳殿を離れずに、トシタ天（兜率天）の一切宝荘厳殿に向かわれます。こうして第五幕の「トシタ天にて」（兜率天宮会）の幕が上がり、トシタ天王とその子たち、天人たちが仏を迎えるのですが、「最も吉祥な」この場の美しく壮麗な様子が細かに描き出されております。これは、あるいは釈尊が王妃マーヤーの母胎に身を託して私たちの世界に出現される前には、トシタ天にあって修行しておられたという伝説をふまえてのことなのかもしれません。

仏を讃えるの章――第二場

さて、仏がその一切宝荘厳殿の「如意宝蔵師子座」と名づける座席に着かれますと、十《じっ》方《ぽう》の世界から菩薩たちが集まってきて、次々と仏を讃える詩が詠い出されます。これがトシタ天の第二場で、「仏を讃えるの章」（兜《と》率《そっ》天《てん》宮《ぐう》菩《ぼ》薩《さつ》雲《うん》集《しゅう》讃《さん》仏《ぶっ》品《ぽん》）と名づけられております。

たとえば最初に、金剛幢菩薩《こんごうどう》は、仏の力に支えられて、

如来《にょらい》は出世せず、亦《ま》た涅槃有ること無し。本大願力を以て、自在の法を顕現《けんげん》したもう。

この法は思議《しぎ》し難《がた》く、心の境界に非《あら》ず。究竟《くきょう》せる彼岸の智もて、乃《すなわ》ち諸《もろもろ》の仏の境を見る。

色身《しきしん》は如来にあらず、音声も亦た是の如し。亦た色声を離れて仏の自在の力有るにあらず。

……

一切智を求め、自然に正覚《しょうがく》を成《じょう》ぜんと欲せば、先ず当《まさ》に其の心を浄め、具《つぶ》さに菩薩の行を修すべし。

是の如くせば、如来の無量の自在の力を見ん。疑いを除き、常に無上の善知識に親近せん。

如来は世に出られず、また涅槃《ねはん》にも入られない。〔ただ〕もともと立てられた偉大な願いの力によって、自在の法を現されるのである。

この法は思いはかることがむずかしく、心によって認識される境界ではない。究極のさとりの岸の智慧によって初めて、仏たちの境界を見ることができる。目に見える身体が如来ではない。音声で捉《とら》えられるものも同じである。〔しかし〕また、色・形や声を離れて仏の自在の力があるのでもない。

……

〔仏の〕一切を知る智慧を求め、自然にさとりを完成しようと欲するのなら、まずその心を浄め、つぶさに菩薩の実践を修めるべきである。

このようにすれば、如来の無量の自在の力を見ることができよう。疑いを除き、常に無上のよき友に親しみ近づこう。

と詠います。以下の堅固《けんご》幢菩薩《どうぼさつ》ら九人の菩薩たちの詩も、これとさほど内容的に異なるわけではありません。大胆に要約すれば、仏とは、それ自体は空でありながら自在に出現する存在であるということ、および、仏となる根本は、自らの過去の迷いを反省し、心を浄めること、ないし一心にさとりを求めること。――この二点になるようです。私たちは、ここに大乗仏教者の根底的な仏教の受けとり方があることを改めて考えてみないわけにはいきません。

## 十廻向の境地の章――第三場

都合十人の菩薩たちの讃仏が終りますと、第三場「十廻向の境地の章」（金剛幢菩薩十《こんごうどうぼさつじゅう》廻《え》向品《こうぼん》）となります。ここの主人公は金剛幢菩薩で、かれはまず「菩薩明智三昧」という瞑想に入り、無量の智慧と弁論の力を授けられます。そして、瞑想から出て説き始めるのが、トシタ天における教説の中心となる「十廻向」なのです。

この十廻向の実践は、まさしく自らの力を他へ廻《めぐ》らし、さし向けて、すべての衆生を救い護《まも》るという利他の理想を表すもので、①救護一切衆生離衆生相廻向（一切の衆生を救い護り、迷いを離れさせる廻向）、②不壊《ふえ》廻向（壊れない廻向）、③等一切仏廻向（すべての仏に等しい廻向）、④至《し》一切処廻向（あらゆるところへ赴く廻向）、⑤無尽功徳蔵廻向（無限の功徳を秘めた廻向）、⑥随順一切堅固善根《ぜんごん》廻向（すべてのたしかな善行に従う廻向）、⑦随順等観一切衆生廻向（すべての衆生に応じて平等に見る廻向）、⑧如相《にょそう》廻向（真理のすがたの廻向）、⑨無縛無著解脱《むばくむじゃくげだつ》廻向（束縛も執《とら》われもない超越の廻向）、⑩法界無量廻向（真理の世界の限りない廻向）と名づけられております。

さて、これら十の廻向の中で何よりも注目すべきものは、第一の「救護一切衆生離衆生相廻向」でしょう。といいますのは、ここには六波羅蜜などの実践によって体得された無量の力をことごとく衆生のために捧げ用いるという菩薩の根本的な廻向の精神が明確に示されているからです。この境位にある菩薩は、恨みや反抗心を抱くものに対してもよき友となり、また、怒り・高慢・破戒などのいかなる悪によっても心を乱されない。かれはかえって、「すべての悪の世界において、はるかな未来世にいたるまで、あらゆる衆生に代って無量の苦しみを受けよう」と誓い、「このわが身をもって、悪の世界にあるすべての衆生の罪をあがない、安らぎを得させよう」と念ずる、といわれます。この「代受苦」の思想は、本章の全体を貫くものの一つで、くりかえし出てまいります。

このような精神は、残念ながらいまの仏教界においてさほど真剣に受け止められてはいないようです。しかし、たとえばキリスト教世界にはいまもこの精神が生きている証拠があります。マザー・テレサ（一九一〇—一九九七）の愛がその一例です。彼女は、自己放棄を「神に自分のすべてを捧げること」などと定義してその大切さを強調しますが、そこに次のような一節があります。

自己放棄は愛でもあります。あきらめるものが多ければ多い程、私たちは神と人を愛するようになります。私たちが本当に人々を愛しているなら、喜んで人々にとって代って彼らの罪をひき受け、償わなければなりません。私たちは生けるいけにえとなるべきです。人々にはそれが必要なのですから。

神の愛には限りがありません。その深さも測り得ません。「私はあなた方を孤児のまま放っておかない」。

逆に言えば、私たちが自らを神に捧げ、神の愛のいけにえとなるよう仕向ける私たちの愛にも限りがあってはなりません。あたり前のありふれたものでは、私たちは満足できません。他の人々にとって良いものでも、私たちには不十分です。愛のために死にかけていらっしゃる神の渇きを、私たちは癒さなければなりません。

（『マザー・テレサ　愛を語る』日本教文社、一九八二年）


ここに述べられているマザー・テレサの自己放棄と愛の思想は、絶対の神が立てられるために表現の上ではかなりの相違があります。しかし、上に紹介した菩薩の廻向の精神と根本的にはまったく同じであると思われます。私たちは、菩薩の道を歩もうと願うかぎり、キリスト教世界の愛の教えと実践に大いに学ばなければなりません。

また第十の「真理の世界の限りない廻向」は、廻向という実践の理想を示すものとも思われますが、その中に、廻向の根拠について注目すべきことが二点、述べられております。

その第一は、廻向の実践の中心軸は、あくまで菩薩としての主体性であるということです。すなわち、そこには、菩薩若《も》し自ら梵行《ぼんぎょう》を修せざれば、他をして梵行を浄修せしむることは、是の処《ことわり》有ることなし。菩薩自ら梵行より退《しりぞ》かば、他をして梵行を具足《ぐそく》せしむることは、是の処有ることなし。

菩薩がもしも自ら浄らかな行いを修めずに、人に浄らかな行いを修めさせようとしても、それはありえない。菩薩が自ら浄らかな行いから退きながら、人に浄らかな行いを身につけさせようとしても、それはありえない。

などとあって、いわば自己確立を廻向の基軸としているのです。ほんとうに人のために何かをするのには、まず自分自身がしっかりとそれを知り、身につけていなければならないとされるわけです。

第二の点は、真の廻向には、自分本位の立場から選んだり、執われたり、求めたりするものが一つでもあってはならない。しかも、一切の生きとし生けるものを仏の世界へと向かわせ、永遠の安らぎを得させずにはおかないという強い意欲をもたなければならない、ということです。廻向は中途半端な決意では決してできることではないのです。

しかし私たちに、いかに煩悩が多くあるからといって、このような廻向の道が閉ざされているわけではありません。要は、すべての生きとし生けるもの、あらゆる存在に対して、どこまで「ともに生きている」「ともにある」という自覚を深めることができるかにかかっていると思います。この自覚が徹底して深められるとき、おそらく自己中心の利己的な生存は、利他の生存へと転換し、人に対しても環境世界に対しても、おのずから廻向の生活となるはずです。そして、それを可能にする根底の力は、実は仏のはたらきかけにほかならないでしょう。『華厳経』が明らかにする廻向――それは、大乗仏教の究極の実践理想を示しているのです。

# 第九講　十地の実践

## 1　パラニルミタヴァシャヴァルティン天にて――第六幕第一場

### 菩薩道発展の基本構造を説く

今回は、七処八会《しちしよはちえ》・三十四品《ぼん》から成る『華厳経《けごんきよう》』の柱の一つといってよい「十地の境地の章」（十地品《じゆうじぼん》）を取り上げます（十地の「地」とは、サンスクリット語のブーミ〔bhūmi〕の意訳で、ここでは菩薩《ぼさつ》が依《よ》って立つ宗教的なよりどころを意味します）。

これまでの話から、十分にご承知のことと思いますが、『華厳経』は大宗教歌劇の趣を呈しつつ、簡潔にいえば、仏のさとりの世界とそこにいたる大乗の修行者、すなわち菩薩の実践とを説き明かす経典です。そして本章は、その菩薩の実践の発展の問題をじっくり考えようとするとき、最も重要な一章なのです。このことは、すでに前にもふれましたが、本来、独立した一経典であった本章が『華厳経』の中に組み込まれたのちも、インドにおいては長く『ダシャブーミカ・スートラ』（*Daśabhūmika-sūtra* 十地経）として固有の展開を果たしたことからも推測していただけましょう。

## 他化自在天とは

本章は、「そのときに仏は、他化自在天《たけじざいてん》（パラニルミタヴァシャヴァルティン天）のマニ宝殿にあって、すぐれた菩薩たちと一緒であった」という叙述から始まります。ストーリーの全体の流れの中でこのことばを解釈すれば、仏はすでに座を前のトシタ天（兜率天《とそつてん》）からこの他化自在天に移されている、ということになります。舞台は第六幕第一場に変わった、というわけです。けれどもこのことは、実は、前にふれた本章の元来の構想、すなわち、本章が独立経典としてこの他化自在天を教説の舞台に選んだということを示しているのです。そこで、他化自在天とはどういう場所であるのかについて、少し見ておきましょう。

すでに述べましたが、この天は、私たちが住む欲望の世界（欲界）の最上位に位置します。名前のいわれは、その住人たちは「他のものが作り出す（化作）楽しみを自由自在に自分のものとして楽しむ」とされることからきています。ここでの寿命は人間世界の千六百年を一日一夜として、一万六千歳にも達するといわれます。またセックスは互いに見つめあうことで果たされるとされます。要するに、長寿が全うされ、かつ快楽が意のままに実現している世界なのです。私たちには、理想郷とも映る世界なのです。

ところが他方、この天は魔王の住むところであるといわれます。このことは、一見矛盾しているように見えます。しかし、よく考えてみてください。長寿と快楽の満足は、実は私たち自身の心に住む魔王が私たちにけしかけ、エゴイスティックに願い求めさせているものなのではないでしょうか。とすれば、この天の王が魔王であるというのは、何の不思議もないことになるでしょう。

ともあれ、「十地の境地の章」のもととなった『十地経』の作者たちは、ある意味において最もよく欲望の世界の本質をあらわに示すこの他化自在天を、以下に述べる教説の展開されるステージとして選択したのです。その理由については、のちに改めて考察することにしましょう。

## 2 十の実践の境地の説示

### 金剛蔵菩薩の説示

さて、「十地の境地の章」の主役は金剛蔵（Vajragarbha ヴァジュラガルバ）菩薩です。サンスクリット語の原名の意味は、「金剛の母胎」あるいは「金剛の胎児」です。いずれにしても、それがしっかりと仏のさとりへの道を歩もうとするすぐれた修行者を示唆していることはたしかでしょう。この菩薩がまず「大いなる智慧《ちえ》の光」（サンスクリット本『十地経』では「大乗の光」）と名づけられる瞑想《めいそう》（三昧《さんまい》）に入り、無数の同名の如来《にょらい》たちの賞讃と加護《かご》を得ます。そしてやがてその瞑想から起《た》ち上がり、多くの菩薩たちに十地、すなわち、①歓《よろこ》びの境地（歓喜地）、②汚れを離れた境地（離垢地《りくじ》）、③光を発する境地（明地《みようじ》）、④ほのおの境地（焔地《えんじ》）、⑤超えがたい境地（難勝地《なんしようじ》）、⑥智慧実現の境地（現前地《げんぜんじ》）、⑦進んだ境地（遠行地《おんぎようじ》）、⑧不動の境地（不動地）、⑨深い智慧の境地（善慧地《ぜんねじ》）、⑩法の雲の境地（法雲地《ほううんじ》）という菩薩の十の実践の境地の意味と内実を明らかにしていくわけです。

しかし、この金剛蔵菩薩の説示は、簡単に始まったわけではありません。十地の名を挙げ終ったあと、かれは黙ってしまいます。そこで、解脱月《げだつげつ》という名前の菩薩が代表してその説示を請います。これに対して金剛蔵菩薩は、

諸《もろもろ》の菩薩の所行は、第一にして思議《しぎ》し難《がた》し。是の十地を分別せば、諸仏の根本なり。微妙にして甚《はなは》だ見難く、心の能《よ》く及ぶ所に非《あら》ず。仏智慧より出ずれば、若《も》し聞かば則《すなわ》ち迷没せん。

心の金剛の如きを持し、深く仏の智慧を信じて、以て第一の妙と為し、心に疑難有ること無く、

我を計する心と、及び心の所行《しよぎよう》の地とを遠離《おんり》せる、是の如《かく》き諸の菩薩は、爾乃《すなわち》、能く聴聞せん。

寂滅《じやくめつ》せる無漏《むろ》の智を、分別して説くこと甚《はなは》だ難《かた》し。虚空《こくう》を画くが如く、疾風《しつぷう》を執《と》るが如

し。

我念《おも》うに、仏の智慧は、第一にして思議し難く、衆生《しゆじゆう》に能く信ずるもの少なし。是の故に、我黙然《もくねん》たり。

菩薩たちの実践は、第一の〔尊い〕ものであって、思いはかることはむずかしい。〔しかし、あえて〕分別していえば、この十地〔の実践〕は、仏たちの根本である。〔それは〕微妙であってはなはだ見がたく、心も及ばない。仏の智慧から生まれたものであるから、もしも〔人が〕聞けば〔心は〕迷い沈むだろう。ダイヤモンドのような心を保ち、深く仏の智慧を信じて、それを最もすぐれたものと考え、心に少しの疑念もなく、自我の意識とそれに根ざす実践の境位を離れた〔菩薩〕――こういう菩薩たちこそが、〔十地の教えを〕聞くことができる。静まりきった汚れのない智慧を詳しく説き明かすことは、はなはだむずかしい。〔それはちょうど〕虚空を画《か》こうとしたり、あるいは、さっと吹き過ぎていく風を捉《とら》えようとするのと同じである。私は、仏の智慧は、第一の〔尊い〕ものであって、思いはかることはむずかしく、信ずることができる衆生は稀《まれ》であると思う。だから私は、黙ってしまったのだ。

と、その沈黙の理由を語ります。ここには、十地の実践が仏を生み出す根本であり、同時に、それ自体が仏の智慧から生まれたものであるという、その本質が述べられるわけですが、それゆえにまた安易に説示することはできないというのです。

## 仏の力に支えられた説示

解脱月菩薩の要請はさらにくりかえされます。そして、すべての菩薩たちがそれに同調して詩句を唱えます。いわば、金剛蔵菩薩への懇願のアリアの大合唱がなされるのです。するとそのとき、釈尊《しゃくそん》（釈迦牟尼仏《しゃかむにぶつ》。盧舎那仏《るしゃなぶつ》とは呼ばれておりません）が眉間の白毫《みけんのびゃくごう》（白い毛の渦）から「菩薩の力の光」を放ち、これが宇宙いっぱいに広がり、その光の雲の中から金剛蔵菩薩に対して、「安心して説示するように」という意味の詩句が自然に唱え出されます。そこでかれは、「十方《じっぽう》を見渡し、〔集いにある〕人びとの信じ敬う心をさらに増したい」と思って、次のように詠《うた》います。抜粋して紹介してみましょう。

諸仏・聖主の道は、微妙にして甚《はなは》だ解し難《がた》し。思量の得る所に非《あら》ず、唯《た》だ智者の行処なり。

其の性、本《もと》より来《このかた》、寂然《じゃくねん》として生滅《しょうめつ》無し。本より已来《いらい》空にして、諸《もろもろ》の苦悩を滅除し、諸趣を遠離《おんり》して、涅槃《ねはん》の相に等同《ひと》し。

……

空迹《くうしゃく》の如きは説き難し、何ぞ其の相を示す可き。十地の義も是《かく》の如し。心意の所行に非ず。

是の事、難しと為すと雖《いえど》も、願を発し慈悲を行じて、漸次に諸地を具するは、智者の能く及ぶ所なり。

是の如き諸地の行は、微妙《くぎよう》にして甚だ見難し。心を以て知るべからず。当《まさ》に仏力を承《う》けて説くべし。汝等、当に恭敬して、咸《みな》共に一心に聴くべし。

……

仏の神力は無量なるも、今皆、我が身に在り。我の説く所は、大海の一滴《いってき》の如し。

聖なる主である仏たちの道は、微妙であって、はなはだ理解しがたい。〔それは〕思いはかってわかることではなく、ただ智者のみが行えることである。

その本性は、本来、静まっていて、生ずることも滅することもない。初めから空《くう》であって、あらゆる苦悩を除いており、迷いの領域から遠ざかっており、涅槃《ねはん》のすがたに等しい。

……

空〔を飛ぶ鳥〕の飛跡を述べるのがむずかしく、そのすがたを示すことができないように、十地の意味もそれと同様に、心で捉えることはできない。

この事はむずかしいが、願いを起こし、慈悲を行って、次第に諸地を具《そな》えていくということは、智者にはできる。

このような諸地の実践は、微妙ではなはだ見がたく、心で知ることはできないが、

〔いま〕まさに仏の力を承《う》けて説こう。おまえたちよ、どうか恭《うやうや》しく、ともに一心に聴かれよ。

……

仏の神力は無量であるが、いま、〔それらは〕みな私の身にある。私が説くところは、大海の〔水の〕一滴に等しい。

ここで、十地の説示そのものが仏の力に支えられていること、そして説示される内容が、実は十地がもつ豊かな内実の一端にすぎないことが確認されているわけです。

## 十地と十波羅蜜

こうして金剛蔵菩薩による十地の説示が始まりますが、前の引用にも表れていたように、十地とは、まとめていえば、菩薩の最高の道であり、一切の仏の教えの根本であり、智慧ある人だけが実践できるものとされます。また、唯識派のヴァスバンドゥ（世親、天親）に帰される『十地経論』（『十地経』の注釈書）の解釈以来、これらの十地は十波羅蜜《じっぱらみつ》、つまり、布施・持戒・忍辱《にんにく》・精進・禅定・智慧・方便・願・力・智の十の実践の完成に対応しているとされます。次に、それらの境地に関する説示の要点を紹介してみましょう。

## 3　菩薩の実践のプロセス

### 「歓びの境地」

まず第一の「歓びの境地」とは、大いなる悲《あわれ》みを主とするひたすらなさとりへの心を発《おこ》すことを通じて、凡夫の世界を離れて菩薩の位に入り、仏の家に生まれることによって得られるもので、文字どおり、歓喜にあふれた境地です。経典は、この歓びが生まれてくる所以《ゆえん》について、「仏たちを念ずるから」「仏たちの教えを念ずるから」「菩薩たちを念ずるから」「菩薩たちの実践を念ずるから」など、十の理由を挙げておりますが、とくに初めの「仏たちを念ずる」ということには十分に注意する必要がありましょう。なぜなら、これは、本来の意味における念仏が仏道そのものを味わい深めていく根本の実践であることを示唆しているからです。

ところで、興味深いことは、この境地に入った菩薩は、そこで以後の第二地から第十地までのそれぞれの境地について教えを受け、「歓びの境地」を離れていないのに十地のすべてを知って少しも妨げがない、とされていることです。初地を得るということがとりもなおさず仏の家に生まれるということ、凡夫の身から仏の子への転生を意味することを考えれば、このことは不思議ではありません。なぜなら、仏の子であれば、仏という親のすがたをよく知ることができるはずですし、そこにいたる道すじも見えてくるはずだからです。いわば山の頂上とそこにいたる山道がわかる見通しのよい峠に出たようなものではないでしょうか。仏の子に生まれ変わること――そこに、仏道をその果てまでも見透しつつ、しっかりと歩んでいく基盤があるのです。

### 「汚れを離れた境地」

次に、第二の「汚れを離れた境地」は、主に戒律を修め、汚れを離れきって衆生に対する慈悲の心を養う境位です。これについて、金剛蔵菩薩は次のように語り始めます。

**仏子よ、菩薩摩訶薩《まかさつ》の已《すで》に初地《しょじ》を具足《ぐそく》し、第二地を得んと欲する者は、当《まさ》に十種の直心《じきしん》を生ずべし。何等をか十と為す。一には柔軟心《にゅうなんしん》、二には調和心《ちょうわしん》、三には堪受心《かんじゅしん》、四には不放逸心《ふほういつしん》、五には寂滅心《じゃくめつしん》、六には真心《しんしん》、七には不雑心《ふぞうしん》、八には無貪吝心《むとんりんしん》、九には勝心《しょうしん》、十には大心《だいしん》なり。菩薩はこの十心《しん》をもって第二地に入ることを得。**

仏の子たちよ、すでに初地を完成して第二地を得ようとする菩薩は、十種の正しい心（直心《じきしん》）を発《おこ》す。その十種の心とは何かといえば、第一には柔らかな心、第二には調《ととの》えられた心、第三には堪える心、第四には自律の心、第五には静かな心、第六にはまことの心、第七にはひたすらな心、第八には貪《むさぼ》らない心、第九にはすぐれた心、第十には大きな心である。菩薩は、これら十種の心を発して、第二地に入るのである。

経典自体には、この十心について具体的な説明はありません。しかし、それらが全体として、菩薩の実践の根幹となる正しく浄《きよ》らかな心のあり方の諸側面を表していることは明らかでしょう。とくに、初めに「柔らかな心」が挙げられていることは重要です。というのは、中国華厳宗の法蔵も注意しておりますように、しっかりと戒律を守ってひたすらに仏道を歩もうとするとき、私たちは心を剛《かた》くし、かえって人を悩ませると同時に、自縄自縛《じじようじばく》に陥ってしまうということになりがちだからです。ヴァスバンドゥはこの心が説示される理由について「ともに喜びあう心で戒めの実践にいそしむからである」と注釈しておりますが、たしかにいつでも他者のことを考え、他者とともに喜び悲しむことのできる人こそ「柔らかな心」の持ち主であり、菩薩に値する人であるといえるのではないでしょうか。

ところで本節における教説としては、いわゆる十善道、すなわち、殺生《せつしよう》・盗み・邪婬《じやいん》・うそ・二枚舌・悪口・ナンセンス(無義語)・貪り・嗔《いか》り・邪見の十悪を離れた実践に関するものがかなり大きな比重を占めております。十善道そのものが、本来は在俗の人びとに対する教えですから、このこと自体、「十地品」、およびその原本である『十地経』が、もともと在俗信者の生き方をも包み込むものであることを示していると考えられます。とくにその点を明白にするのは、「よこしまな性関係(邪婬)から遠ざかり、自ら妻だけで満足し、他の女性に対して少しもみだらな思いを抱かない」という「不邪婬」に関する記述です。本経は正規の夫婦関係をはっきりと認めており、その上で菩薩としての道を指し示しているわけです。ただし、これは一つの限界といえるかもしれませんが、本経はすでに述べた「浄行品《じょうぎょうぼん》」などからもわかりますように、全体としては在家主義の立場には立っておらず、むしろ前提的に、在俗生活から出家生活への移行、ないし転換を一種の必然的な動きとみなしているように思われます。

## 「光を発する境地」

第三の「光を発する境地」は、十種の深い心（深心《じんしん》）、すなわち、①浄らかな心（浄心《じょうしん》）、②強い心（猛利心《みょうりしん》）、③世俗を厭《いと》う心（厭心《えんしん》）、④欲望を離れた心（離欲心《りよくしん》）、⑤退かない心（不退心《ふたいしん》）、⑥堅固な心（堅心《けんしん》）、⑦明るい心（明盛心《みょうじょうしん》）、⑧求めつづける心（無足心《むそくしん》）、⑨すぐれた心（勝心《しょうしん》）、⑩大きな心（大心《だいしん》）を身につけることによって入ることができるといわれます。これは、先の第二地における十心と類似していることから見ても、戒めの実践を通じて広め深められた心と考えられますが、この境地に関する教説の際立った特徴は、「聞法《もんぼう》」、つまり、真実の教えを聞くことを仏道の根本と規定し、ひたすらな追求による仏法の体得を宣揚していることです。実際、倦《う》むことなく教えに耳を傾け、教えを喜び、教えを愛し、教えに依り、教えに順じ、教えを満たしていくときには、おそらく教えに含まれるあらゆる宝が、経自身が述べるように、あますところなく手に入りましょう。浄土真宗を広く民衆のものとされた蓮如《れんにょ》上人（一四一五—九九）も、「只《ただ》仏法は、聴聞にきはまることなり」と喝破しておられます。要するに、ひとすじに真実の教えを求め尋ね聞いていくという姿勢からすべてが開示されてくることが、ここには明らかにされているといってよいと思います。

「ほのおの境地」

第四の「ほのおの境地」とは、すでに輝き始めた智慧の光がさらに明るさを増してくる境地です。この境地に入るのに「衆生の世界を観察する」など、十種の世界の観察がなされるといわれますが、以後の実践も、さらに細密な「観察」にもとづく精進によって特徴づけられます。

南伝の『涅槃経《ねはんぎょう》』（パーリ文の原始経典）によりますと、釈尊が入滅に際して遺《のこ》された最後のことばは、

あらゆるものごとは移ろいゆくものである。努め励んで修行を完成しなさい。

というものであったといわれます。第四地における「観察」と「精進」は、この釈尊の遺言に示された精進の一つの展開の仕方を表していると見ることもできましょう。

「超えがたい境地」

十地の第五地は、「超えがたい境地」と名づけられます。それに勝ること、すなわち、

それを超えて上に進むことがむずかしい境地である、というのです。この名称からも第五地が十地における一つの節目となっていることが推測できますが、ではそう名づけられる理由はどこにあるのでしょうか。

金剛蔵菩薩は、まず、この境地に入ろうとする菩薩は、十の平等な心を発《おこ》す、と説き示します。いわば、仏の教えのすべてと衆生の教化について、完全に差別の心を離れて対処できるということが、第五地の基本条件になっているわけです。

さて、この境地に入った菩薩は、ありのままに四つの真理（四《し》諦《たい》）など、さまざまの真理の見方をことごとく知り、また、現実の世界のすべてを理解します。そして、その上で、衆生をさとりへと導くために、あらゆる学問・技術・芸能などを習得し、占いさえも身につけるといわれます。菩薩はこの境地にいたって初めて、いわゆる自利と利他の実践が即応しながら展開するようになるのです。第五地は、菩薩の実践の基盤が確定する境地であるといえるようです。

## 「智慧実現の境地」

菩薩の実践の段階的な枠組みを示す「十地」には、思うに、いくつかの大きな節目があります。先の第五地もその一つでしたが、第六の「智慧実現の境地」は、実践的境地の深まりという点から見ると、それ以上に大切な節目であると考えられます。というのは、この境地において初めて、仏道そのものの目標ともいうべき智慧の修得が「妨げのない究極の智慧の光が現前する」といった明確な表現によって語られているからです。

さて、第六地について考察を進めるに当たって、初めに注意しておきたいことがあります。それは、この第六地の教説の中に「三つの〔迷いの〕世界は仮に現れている空虚なものであって、ただ心が作り出しているにすぎない」（三界虚妄《さんがいこもう》、唯是心作《ゆいぜしんさ》）ということばが出てくるのですが、これが従来は、あたかも第六地の教説を、いな、「十地品」全体の教説を代表するもののように受けとられてきた傾向があることです。たしかにこのことばは、きわめて簡潔に「唯心」の真実を表しており、それゆえに、たとえばヴァスバンドゥの唯識思想のよりどころともなりました（第二講参照）。けれども、このことばだけから第六地を捉えたり、十地の全体を考えたりすることは正しくありません。とくに漢訳の文章には、おそらくサンスクリット原本が対応する語をもたなかったであろう「虚妄」および「作」の語が入っているために、東アジア世界においては、「心」が何か実体的な、世界創造の本体のように考えられ、さらにその心の真偽とそれによって作りあげられる世界（三界）の虚妄性との関係がかまびすしく議論されるにいたりました。

しかし後述いたしますが、そのような解釈や議論は、『十地経』（＝十地品）にも『華厳経』にも、ひいては仏教そのものの考え方にも背くものとも思われます。

さて、第五地にまで進んできた菩薩は、まず十の観点から一切の存在がその本質において平等であることを観察します。すなわち、実体性がないこと、特定のすがたがないこと、生成・消滅の現象を超えていること、もともと浄らかであること、ことば・概念では捉えられないことなどから、あらゆるものの平等性、ないし一体性を把握するわけです。

こうして菩薩は、第六地へと入ります。ところが、この境地ではまだ真実の空《くう》のさとり、すなわち「無生法忍《むしょうぼうにん》」は実現していないとされております。この点は、思うに、大変重要です。なぜなら、それは、単なる一般的な存在の本質における平等性・一体性の理解では、ものごとを完全に知ったことにはならないということを明言しているからです。そのような理解は、たしかに個人的な「安心」だけはもたらすかもしれません。けれども、そのままでは決して利他的活動を呼び起こさないのみならず、一種の虚無主義や現実絶対論へ導く危険さえはらんでおりましょう。あえて申せば、たとえば禅の修行において「見性《けんしょう》」された方など、とくに留意していただきたいことです。

では、第六地の菩薩はどのように自らの体験を深めていくのでしょうか。

経典によれば、菩薩はさらに大悲の心にもとづいて世間の現実のすがたを観察します。その結果、この菩薩には、自己自身が、そしてまた世間の存在のすべてが我執《がしゅう》によるものであることが知られてきます。いわば、我執の世界の深みが十二因縁[*1]の線に沿って見えてくると同時に、それがまるごと「空」であることが了解されるのです。

### 唯心観

この菩薩が次に行う観察が、先にふれた唯心観です。それは、次のように説かれ始めます。

又、是の念を作《な》さく、三界《さんがい》は虚妄《こもう》にして、但是《ただこ》れ心の作《さ》なり。十二縁分も、是れ皆心に依る。所以《ゆえん》は何《いか》ん。事に随《したが》いて欲心を生ずるに、是の心即ち是れ識にして、事は是れ行なり。行、心を誑《たぶらか》すが故に、無明《むみよう》と名づく。識の所依《しよえ》の処を名色と名づく。名色の増長するを六入と名づく。三事和合して、触《そく》有り。触と共に生ずるを受と名づく。受する所に貪著《とんじやく》するを名づけて愛と為す。愛して捨てざるを名づけて取と為す。彼和合するが故に、名づけて有と為す。有の起こす所を名づけて生と為す。生の変ずるを名づけて老と為し、老の壊するを名づけて死と為す。

また、〔菩薩は〕次のように考える。三つの〔迷いの〕世界は仮に現れている空虚なものであって、ただ心が作り出しているにすぎない。十二の因縁のそれぞれも、みな心に依存している。なぜかというと、〔ある一つの〕ものごとに対して欲を起こすという場合、この〔欲求する〕心がすなわち〔根源的な〕「意識」（識）であり、ものごとが「形成力」（行）〔の現れ〕である。「形成力」〔の現れ〕が心をたぶらかすから、「無知」（無明）と名づける。「意識」のよりどころを「名称と形態」（名色）と名づける。「名称と形態」が増大・発展する〔場所〕を「六つの感覚・意識の場」（六入）と名づける。〔「意識」と「名称と形態」と「六つの感覚・意識の場」との〕三者が合同すると、「接触」（触）が起こる。「接触」と一緒に生ずるものを「感受」（受）と名づける。感受されたものに貪りつくのを「愛着」（愛）という。愛着して捨てないのを

「執《と》われ」（取）という。それらのものが融合するから、「存在力」（有）という。「存在力」が引き起こすものを「生まれ」（生）という。「生まれ」が変化するのを「老い」（老）といい、「老い」が壊れるのを「死」（死）という。

このあとには、十二因縁のそれぞれに二種のはたらきがあること、それぞれの因縁が本性からして空《くう》であること、その観察の仕方の多面性などが論じられます。ともあれ、この一節の叙述を通して、私たちは、少なくとも「唯心観」というものが実に綿密な十二因縁の観察であり、前述の「三界虚妄、唯是心作」は、いわばその一つの結論的な把握を示すのだということをはっきりと知ることができます。

しかも、その意味自体が、サンスクリット本に従えば、もともと「この三つの〔迷いの〕世界に属するものは、この心のみなるものである」です。それは、瞑想の場において直観的に捉えられた心と現実世界との一体性をストレートに述べているだけなのです。華厳宗など、後代の東アジアの仏教における解釈の流れは、漢訳文に災いされて、原意から大きくそれていくことを余儀なくされたともいえるでしょう。

ともあれ、般若《はんにゃ》の智慧を実現し、確乎《かっこ》として仏智へと向かう第六地の菩薩の境位は、十二因縁によって押さえられる現実の生存の場とその本質の洞察にもとづいて形成されるのです。

「進んだ境地」

次に、第七の「進んだ境地」に入るとき、菩薩は方便の智慧によって十の妙《たえ》なる行いを現すといわれます。その行いとは、①前の第六地で得た空・無相・無願の三種の瞑想の実践をよく修めながら、しかも慈悲の心をもって衆生の中にある、②仏たちの平等の教えに従いながら、しかも仏たちを供養しつづける、③常に「空」の智慧を深めながら、しかも広く衆生を幸せにする力を学びとっていく、④迷いの世界から離れながら、しかもその世界を美しく飾る、などです。

仏教には、矛盾しているように見えるさまざまの側面があります。たとえば、前述した第六地の菩薩の実践の展開にも表れておりましたが、一方においては、すべての存在は平等であり、浄らかであるとされます。ところが他方、それは迷いの中にあり、さまざまであり、汚れているともいわれます。私たち衆生のすがたに焦点を合わせていえば、一方において、もともと救いとるべき何ものもないとか、すでに救われていると説かれます。ところが他方、救われるべき存在であるとか、救われようもない悪人であると述べられます。

実はここに仏教それ自体のむずかしさと味わいがあるのですが、第七地の菩薩の認識と実践のあり方こそ、逆説性を内包するそうした私たちの世界の構造を現実的に解決していくもののように思われます。私たちは、上記の妙なる十の行いからさらに十波羅蜜の修得へ、究極のさとりへと進むこの第七地の菩薩のすがたを通して、真実の智慧が決して独善的な超越へ赴かせるのではなく、逆に、限りない慈悲の手立てを生み出し、どこまでも現実の世界へかかわっていくものであることを知らなければなりません。思うに、第七地にいたって初めて利他に生きる本物の菩薩が誕生するとされているわけです。

「不動の境地」

こうして、第七地の菩薩は菩薩としての力を十分に具え、「空」のさとりを完成して次の第八地「不動の境地」に入ります。そして、この境地に入った菩薩は「深行《じんぎょう》の菩薩」と名づけられるといわれております。このことからも、第八地がいわば菩薩道の発展の最後の転換点であることが推測できますが、

人の夢の中において深水を渡らんと欲して大精進を発《おこ》し、大方便を施すに、未だ渡らざるの間に忽然《こつねん》として便《すなわ》ち覚め、諸《もろもろ》の方便のことを皆悉《みな》放捨するが如く、菩薩もまた是《かく》の如く、初めより已来《いらい》、大精進を発し、広く道行《どうぎょう》を修するに、不動地に至りて一切皆捨て、二心を行ぜず。諸の憶想《おくそう》する所は、復《ま》た現前せず。

たとえば、人が夢の中で深い淵を渡ろうとして一所懸命に努力し、大きな手立てを用いたが、まだ渡り切らないうちにはっと目が覚め、それらの手立てをみな捨ててしまうように、菩薩は初めから一所懸命に努力し、さまざまの修行を行ってきたが、この不動地にいたってすべてをみな捨て、あれこれと思うことなく、あらゆる想念が現れなくなってしまう。

といった教説に、その点がはっきりと示されているといってよいでしょう。第八地の菩薩は、一切の自力的なあり方を捨て去り、自然に仏道に準ずるのです。中国の孔子《こうし》は、六十歳にいたって「耳順《したが》う」という境地に達したといわれます。その境涯に通ずるものでしょう。いわば真実なるもの、永遠なるものとしての仏のいのちがその主体に浸透し、それに動かされて生き通すようになるわけです。この境地の菩薩は、まったく動揺したり後退したりすることがなく、また、あらゆる面において自在性を獲得するといわれるのは当然であろうと思われます。

## 「深い智慧の境地」から「法の雲の境地」へ

ここまで来れば、あとは何の苦労もありません。ちょうど仏を船長とする大きな快速艇に乗り込んだようなもので、仏道そのもののあり方に任せて仏の境地へ進んでいくのみです。第九の「深い智慧の境地」に入ると、菩薩は存在するもののすがたをありのままに知って衆生を教化するといわれます。そしてついに、仏の後を継ぐ位である第十の「法の雲の境地」に到達します。これが菩薩の究極の境位となるわけですが、ではここで何か新しい知見や能力が獲得されるのでしょうか。そうではありません。ポイントは、「ありのままに知る」ということが再び強調されるだけです。

このことは、仏教の原点が私たち自身と私たちを包む世界の真実のすがたを明らかにするところにあることを改めて確認させてくれるとともに、それを知り尽くし、それに順じて生きることがいかに大変なことであり、かつ、いかに大切なことであるかを教えてくれているようです。

＊1　①無明（無知）、②行（潜在的な形成力）、③識（識別作用）、④名色（名称と形態）、⑤六入（六処、眼・耳・鼻・舌・身・意の六感官）、⑥触（接触）、⑦受（感受作用）、⑧愛（妄執）、⑨取（執着）、⑩有（生存）、⑪生（生まれること）、⑫老死（老い死にゆくこと）。前のものによって後のものが引き起こされ、前のものがなくなると後のものもなくなり、ついには安らぎにいたる、とされる。

# 第十講　さまざまな教え

## 1　十種の智慧の力の章から菩薩の住処の章──第六幕第二場─第六場

### 究極の菩薩道開示へのプレリュード

先にお話しした第二十二章「十地の境地の章」、『華厳経《けごんきょう》』という大宗教歌劇の第六幕第一場は、すでにおわかりいただけたかと思いますが、大変巧みに菩薩《ぼさつ》の実践のプロセスをまとめあげています。これが長く独立経典としてインドの人びとに読み継がれてきたのも当然でしょう。そして、『華厳経』の編纂《へんさん》・製作者たちは、これを菩薩の最高の段階における実践的境地の展開を説き示したものと位置づけ、「十廻向《じゅうえこう》の境地の章」の後に組み入れました。かれらは、菩薩とは廻向というすぐれて利他的な実践に習熟し、再び真の自利の世界を深めていく中で仏道を完成する存在である、と考えたのでしょうか。ともあれ、そこには一つの立派な見識が表れていると思われます。

ところが、おそらくは「十地の境地の章」の構成がしっかりとしているために、かれらは、このあと舞台回しをどのように進めるかについて悩み、十分な構想にまではいたらなかったようです。というのは、いま取り上げている『六十華厳』では「十地品」の次に「十明品《じゅうみょうぼん》」（十種の智慧《ちえ》の力の章）がつづきますが、『八十華厳』では両品の間に「十定品」（十種の瞑想《めいそう》の章）が入り、さらに『蔵訳華厳』では「十地品」と「十定品」の間に「普賢所説品」（普賢菩薩の教えの章）が付加されていること、『六十華厳』では第二十三章の「十明品」から第三十二章の「宝王如来性起品《ほうおうにょらいしょうきぼん》」（真実の法の章）までが「十地品」と同じくパラニルミタヴァシャヴァルティン天（他化天宮）の説示とされるのに対し、『八十華厳』では「十定品」を含めてこの部分が地上の普光明殿（普光法堂）での説示とみなされることなど、『華厳経』の基本的な再編成の試みが、その成立後数百年の間に一度ならず行われているからです。

実際、「十地品」と「十明品」以下とのつながりははっきりしません。また、「十明品」以下の諸章、少なくとも第三十章「仏小相光明功徳品《ぶっしょうそうこうみょうくどくぼん》」（光を放つ身体の章）までは、内容的に見劣りがすることも否めません。あえていえば、この間の教説は、「十地品」を補いつつ、併《あわ》せて第三十一章「普賢菩薩行品」（普賢菩薩の実践の章）以下に示される究極の菩薩道の開示へ向けてプレリュードの役割を担っているといえるかもしれません。

## 「十種の力」

前置きが長くなりました。「十地の境地の章」につづく第六幕第二場は、『六十華厳』では「十種の智慧の力の章」（十明品）です。主人公は普賢（サマンタバドラ）菩薩です。ところが、その登場の仕方はまことに唐突で、経典には前章との関係を暗示するものさえ何もありません。突然、普賢菩薩が多くの菩薩たちに対して、菩薩がもつ「十種の力」について説き明かすところから本章は始まっております。

では、「十種の力」とは何でしょうか。それは、経典によれば、他人の心を知る力、自在に衆生の運命を知る力、過去と未来の世界を知る力、すべてを聞きとる力、あらゆる国のあらゆる衆生のことばがわかる力、自由にすがたを飾る力などで、菩薩であっても低い境地のものは、これを思いはかることができないとされています。総じてそれらは、原始仏教の時代以来説かれてきた神通《じんづう》[*1]の思想を展開させたものと見ることができましょう。

### 「十種のさとり」

次の第二十四章は「十種のさとり」（十忍）が主題で、前章と同じく普賢菩薩によって説き示されます。これがパラニルミタヴァシャヴァルティン天を舞台とする第六幕の第三場ですが、場面の変化はわずかです。

さて、十種のさとりとは、随順音声忍《ずいじゅんおんじょうにん》（仏の教えに従うさとり）・順忍（信頼のさとり）・無生法忍《むしょうぼうにん》（不生不滅を知るさとり）・如幻忍《にょげんにん》（幻のように見るさとり）・如焔忍《にょえんにん》（炎のように見るさとり）・如夢《にょむ》忍《にん》（夢のようなものと見るさとり）・如響忍《にょこうにん》（響のようなものと捉《とら》えるさとり）・如電忍《にょでんにん》（電光のようなものと見るさとり）・如化《にょげ》忍《にん》（仮の現れと見るさとり)・如虚空忍(空間のようなものと捉えるさとり)をいいます。このうち、初めの二つは「さとり」(忍)とは名づけられておりますが、むしろそれを実現する前提を示したものでしょう。すなわち、仏の真実の教えを信じ、実践していくという菩薩の基本的態度を表していると考えられます。そして、以下の八つは、そうした正しい実践によっておのずから開かれてくる空《くう》のさとりの内容をいろいろの側面から述べたもののようです。

### 般若経典などに見る喩え

ところで、ここに示される数々の喩《たと》えは、般若経典類に広く表れるものです。たとえば、『大品般若経』の「序品」には、諸法をどう理解するかという視座において、幻・炎(焔)・水中の月・空間(虚空)・響・ガンダルバの町(揵闥婆城《けんだつばじょう》)・夢・影・鏡の中の像・仮の現れ(化)の十の喩えが出てきます。また『金剛般若経』は、私たち日本人にもクマーラジーヴァ(鳩摩羅什《くまらじゅう》)の名訳でなじみの深い経典ですが、その末尾に、

作られたもの(有為法)は、星や、眼の翳《かげ》や、灯火や、幻や、露や、水泡や、夢や、電光や、または雲のよう——そのようなものと、見るがよい。

という詩句が示されております。この九つの譬喩《ひゆ》は、クマーラジーヴァの翻訳では「夢・幻・泡・影・露・電」の六つとなっています。これは、かれが依《よ》ったテキストの相違か、

一部を省略して訳したかのいずれかでしょう。ともあれ、『華厳経』「十忍品」の教説に、このような般若思想の流れがかなりの影響を与えていることはたしかであると思われます。

ちなみに、本章の終りには、先述した十種のさとりが完成すれば、菩薩は自在の身を得て一切の世間を支えることができる、などと説かれております。総じて、菩薩の実践が「空」の見方、すなわち空観に貫かれていること、および、そこからすばらしい救済のはたらきが生じてくることが強調されるのです。

### 数の単位の章

次の第四場、第二十五章「数の単位の章」（心王菩薩問阿僧祇品《しんのうぼさつもんあそうぎぼん》）は、『華厳経』の中ではかなり異色です。なぜかといえば、第一に、教説の中心が数の単位の問題であり、第二に、語り手が例外的に仏自身となっているからです。すなわち、本章ではまず、心王という名の菩薩が登場して、仏にアサンキャー（阿僧祇）[*2]など、大きな数の単位について尋ねます。すると仏は、「百千の百千（100×1000)²を一コーティー（拘梨《こうり》）と名づけ、一コーティーの一コーティー（一コーティーの二乗）を〈一不変〉と名づける」といった具合にそれを説明していかれ、最後に一コーティーの一二〇乗の数の単位として〈一不可説転々〉を提示されます。心王菩薩はそれを聞いて、「仏の境地は説明できません」といって讃《たた》える、という筋書きなのです。要するに本章は、ほとんど大きな数の単位そのものの解説に尽きているわけです。

このことは、しかしながらそれ自体として重要な意味をはらんでいると考えられます。というのは、それが、インド文化圏において数学的関心がかなり強くあったこと、しかも、そこでは有限数がきわめて大きなスケールで捉えられていたこと、さらには、仏の世界がそのような有限数の極限に憶念されていたであろうことを推測させるからです。このことを裏づけるように、経典の中には、心王菩薩の質問を賞《ほ》める仏のことばとして、「大きな数を説き示すことは、衆生のためになるからであり、仏の智慧の境地の深い意味を表すからである」と述べられております。古代インドの多くの人びとは、広大な有限的世界を具体的にイメージしていきながら、その果てに仏の世界を感じとっていたのでしょうか。

なお、数を解説する語り手が例外的に仏自身であるという点については、経典には何の説明もありません。そのことは、史実の問題としては、単に本章がもともと独立した一経典であったことを示すだけでしょう。しかし、『華厳経』のこの位置に一章として組み込まれたからには、それを経典全体の構想と構成から統一的に解釈せざるをえません。となると、本章の「仏」は、おそらく盧《る》舎《しゃ》那《な》仏《ぶつ》の「化身」とみなされることになります。なぜなら、仏といわれている以上は『華厳経』の教主盧舎那仏と本質的には一体でなければなりませんし、しかも経典の根本構想としては、盧舎那仏はさとりの中にあって沈黙しているからです。

## 仏の国の時間の章

第六幕第五場、第二十六章「仏の国の時間の章」（寿命品）では、先に登場した心王菩薩が今度は解説者となって、仏たちの国の時間の長さがそれぞれ異なることを明らかにします。たとえば、冒頭には、釈尊《しゃくそん》の国、すなわち私たちが住む娑婆《しゃば》世界の一劫《こう*3》は、阿弥陀《あみだ》仏《ぶつ》の安楽世界の一昼夜に当たると説かれます。このようにして、末尾には、最後世界の一劫は賢首《げんじゅ》仏の国である勝蓮華世界の一昼夜であり、この国には普賢菩薩などの大菩薩がたくさんおられる、と述べられているのです。

思うにこの章は、前章において「仏たちの国の性質は、説き尽くすことができない」とされていたことを承《う》けて、その時間的側面を表しているのでしょう。しかし、ここでとくに注目されることは、そのことよりも、最も悠遠な時間で動く世界として、賢首仏の世界が挙げられている点です。『華厳経』の中でこの仏とその世界が、言及されるのは、わずかに本章と、最後の「仏の世界に入るの章」（入法界品《にゅうほっかいぼん》）の普賢菩薩が登場する最後の一節だけのようです。けれども、第八章「賢首菩薩品」の主役を務めた賢首菩薩をこの賢首仏の前身と考えてよいとすれば重要です。大胆に推測すれば、『華厳経』の編纂・製作者たちは、普賢菩薩を最高位の理想の菩薩として位置づけるに当たって、これと賢首仏とのつながりを断ち切ることができず、あえて賢首信仰の系譜を、盧舎那仏を核とする雄大な菩薩道の体系の中に包摂・統合しようとしたのかもしれません。

## 菩薩の住処の章

第六場、第二十七章「菩薩の住処の章」（菩薩住処品《ぼさつじゅうしょぼん》）もまた、心王菩薩が話し手です。そして、心王菩薩が諸方にある菩薩たちの所在地を説き示すというのが、その内容のすべてです。おそらく全体的な教説の意図は、菩薩たちが常に各地に無数に存在し、教えを説き、衆生を救っていることを明らかにすることでしょう。『華厳経』の見方によれば、菩薩はいまもさまざまの場所で、さまざまのすがたをとって人びとを導き、生きとし生けるものすべてを救いつつあるのです。現代社会の中で、現に貧しく恵まれない人びとのために、いかにささやかであっても力を尽くしている人びとや、次々と森を破壊され、生活に必要なわずかな空間さえも失いつつある生きものたちのために奔走している人びとは、『華厳経』の視座においては、みな菩薩にほかならないといえましょう。

ちなみに、本章の後半部には、中国（真旦《しんたん》）、カシミール（罽賓《けいひん》）、ガンダーラ（乾陀羅）などの地名が出てきます。このことは、本章の、ひいては『華厳経』の成立史を考える上でまことに興味深く思われます。なぜなら、それは、少なくとも本章の作者たちの視野には北インドや中国も入っていたことを示しているからです。

## 2　法の不思議の章から普賢菩薩の実践の章——第六幕第七場—第十場

### 仏の法の特質

他化天宮（パラニルミタヴァシャヴァルティン天）を舞台とする教説は、さらにつづきます。しかし、第七場、第二十八章の「法の不思議の章」（仏不思議法品《ぶつふしぎほうぼん》）あたりから少し雰囲気が変わり、後半へ入ってくるといえそうです。

本章の筋立ては、集会に集まった菩薩たちが仏の国や願いの不可思議さについて考えているのを仏が知られ、青蓮華《しょうれんげ》という名の菩薩を通じて仏の法の特質を三十二項にわたって明らかにする、というもので、聴衆の代表は蓮華蔵菩薩です。この菩薩は前述した「十地品」などにも名前だけは出てきます。しかし、仏の威神力を受けて説く青蓮華菩薩その人は、『華厳経』ではここ以外には登場しません。おそらくこの章も、もとは独立した一経典であったのでしょう。

さて、その教説が大きく三十二項に分けられていることは、次章に展開される「三十二相」（仏の大きな身体的特徴）の説示と関係がありそうです。そして、それぞれの教説が「十種の法界の無量無辺」「十の無尽智を生み出すこと」など、すべて十種にまとめられて示されます。この点には、後述する「菩薩の実践の総括の章」（離世間品《りせけんぼん》）などとの共通性が認められます。やはり「十」という数そのものに、完全、または無限を象徴する意味を込めているのでしょうか。

「十種の未曾失時」

なお、三十二項にわたる教説の順序や内容の敷衍《ふえん》の仕方に明確な論理性があるとは思われません。しかし、全体的には釈尊の生涯と活動の諸側面を理想化した趣があります。たとえば、「十種の未曾失時」の教説、つまり、あらゆる仏は常に正確なタイミングで活動する、ということを述べた教説があります。のちに『法華経』の行者の日蓮上人（一二二二―八二）は、正しい教えが広まる契機として、教えそのもののほかに、機（教えを受けるものの性質・能力）と時（時期、時代）と国（国家）と流布の先後を挙げ、

　時を知らずして法を弘めば、益なき上にかえって悪道に堕するなり。（『教機時国鈔』）

と論じておられます。まさにそのとおりで、時は教えの現実化のための不可欠の条件なのです。

本章にはそのことが、

仏子《ぶつし》よ。一切《いっさい》の諸仏に十種《じっしゅ》の、未《いま》だ曾《かつ》て時を失わざること有り。何等をか十と為す。一切の諸仏は、等正覚《とうしょうがく》を成ずるに未だ曾て時を失わず。一切の諸仏は、善根・業報に未だ曾て時を失わず。一切の諸仏は菩薩に記を授くるに未だ曾て時を失わず。一切の諸仏は、衆生に随応して神力を示現するに未だ曾て時を失わず。一切の諸仏は、如来の身を現ずるに未だ曾て時を失わず。一切の諸仏は、悉《ことごと》く捨を行ずるに未だ曾て時を失わず。一切の諸仏は、城・聚落に入るに未だ曾て時を失わず。一切の諸仏は、衆生を摂取して歓喜せしむるに未だ曾て時を失わず。一切の諸仏は、難化の衆生に於《おい》て之を放捨《ほうしゃ》するに、調《じょう》伏《ぶく》の為の故に未だ曾て時を失わず。一切の諸仏は、不可思議の自在の神力を示現するに未だ曾て時を失わず。

仏の子よ。一切の仏たちには、十種の、いまだかつて時を失ったことがないということがある。その十種とは何かといえば、〔第一に〕一切の仏たちは、正しいさとりを完成するのに、いまだかつて時を失ったことがない。〔第二に〕一切の仏たちは、善い行いをし、その報いを受けることについて、いまだかつて時を失ったことがない。〔第三に〕一切の仏たちは、菩薩に対して成仏の予言を行うのに、いまだかつて時を失ったことがない。〔第四に〕一切の仏たちは、衆生に従って超能力を発揮するのに、いまだかつて時を失ったことがない。〔第五に〕一切の仏たちは、如来《にょらい》としての身を現すのに、いまだかつて時を失ったことがない。〔第六に〕一切の仏たちは、ことごとく平等心にもとづく行いをなすのに、いまだかつて時を失ったことがない。〔第七に〕一切の仏たちは、町や村に入〔って教えを広め〕るのに、いまだかつて時を失ったことがない。〔第八に〕一切の仏たちは、衆生を摂《おさ》め取り、喜ばせるのに、いまだかつて時を失ったことがない。〔第九に〕一切の仏たちは、放っておかれた教化しがたい衆生に対して、〔かれらを〕説得して信者にしてしまうのに、いまだかつて時を失ったことがない。〔第十に〕一切の仏たちは、不思議な自在の超能力を現し出すのに、いまだかつて時を失ったことがない。

と、仏の実践の諸側面に応じて説かれているわけです。

このほか、それぞれ別の項目に含まれますが、「一切の仏は、正しく憶念する衆生には必ずすぐにその前に出現される」とか、「一切の仏は、信ずる衆生も信じない衆生も大悲の心から平等に見て、何の差別もなされていない」といった教えも見逃すことはできません。なぜなら、それらはそれぞれに大乗仏教の根本的立場を表明しているからです。

## 仏のすがたの特徴

つづく第八場、第二十九章「仏のすがたの章」（如来相海品《にょらいそうかいぼん》）と第九場、第三十章「光を放つ身体の章」（仏小相光明功徳品《ぶつしょうそうこうみょうくどくぼん》）の主題は、仏の身体的な特徴を明らかにすることです。すなわち、第二十九章では、本経において中心的役割を果たす普賢菩薩が主役を演じ、偉大な仏のすがたの特異点を九十四種にまとめて解説しています。頭の上の特徴だけ

でも六種が数えられますが、その一例を挙げると、

**如来《にょらい》の頂上に大人の相あり。名づけて明浄《みょうじょう》と曰《い》い、三十二宝を以て荘厳《しょうごん》と為す。普《あま》く無量の大光明網を放ち、遍《あまね》く一切《いっさい》の十方《じっぽう》の世界を照らす。**

仏の頭の上には、偉大な人に固有の身体的特徴がある。それは〔もとどり状の肉のかたまりで〕名を明浄といい、三十二種の宝によって飾られており、無量の光を放ち、あらゆる世界を照らしている。

といった具合です。ここに示される仏のすがたは、いわゆる「三十二相」によって定式的に神格化された釈尊のイメージを最大限に膨らませ、美化し、絶対化している趣があります。

また、次の第九場、第三十章では、それらのすがたを補強するように、一般には「八十種好」とまとめられる仏の小さな身体的特徴が明らかにされます。ただし、語り手が仏自身であることとともに、説示の内容も特徴的であることに注意する必要があります。すなわち、具体的にいえば、仏のもつその特徴が「海王」の名のもとに統括され、そこから放たれる光明のはたらきがトシタ天からこの世界に下生した釈尊をモデルとする盧舎那菩薩の実践に即して開示されるのです。この一章も、おそらく元来は単独の一経典であったのでしょう。

## 三つの要点

さて、本章の教説の中で言及しておきたい点は三つほどあります。

その第一は、全体の軸となる盧舎那菩薩の実践が「離垢三昧《りくざんまい》」と名づけられていることです。このことは、元来、独立経典であったと推測される本章の作者たちが、釈尊の前世の活動、およびこの世への出現を「離垢」、つまり、すべての汚れを離れた浄《きよ》らかさという観点から押さえていることを物語りましょう。

第二は、仏の足の裏の千輻輪《せんぷくりん》から発せられた光が阿鼻《あび》地獄にまで及び、この光に照らされた衆生は寿命が尽きたのち、みなトシタ天に生まれ、神の子（天子）となったとされることです。これはおそらく、釈尊がこの世に出現された目的を輪廻《りんね》のうちにあるすべての衆生、なかでも地獄に沈んでいる衆生の救済に見ようとする宗教的確信の表れであると思われます。

第三は、真の悔い改め（悔過《けか》）とは、すべての行為とその報いとがひっきょう「空」であると知ることである、とされている点です。この思想は、大乗仏教における懺悔《さんげ》論のいわば原点を示すものでしょう。その説明のために、あらゆるものをそのままに映し出しながら、何ものをも中に取り込まないという、有名な「錠光仏《じょうこうぶつ》の金の頗梨《はり》の鏡」[*4]の喩えも引かれております。

## 女性の成仏への道

また、このことに関連して、忘れてはならない教説が出てきます。それは、この真の悔い改めの教えが説かれたときに、欲望の世界（欲界）の一切の天女が「みな女身を捨てて男子となり、もはや退くことのないさとりへの心を得た」とされていることです。

『法華経』に、有名な「竜女成仏《りゅうにょじょうぶつ》」の話があります。サーガラ龍王の八歳の娘が、「女身は垢《けが》れていて、法の器ではない」と考えて不信の念を抱くシャーリプトラ（舎利弗）らの面前で、一瞬のうちに男子に変じ、南方の無垢世界へ往って仏の姿を現した、というものです。この話自体「男でなければ最高の存在とはなりえない」というインド的な性差別観を脱してはおりません。こと女性の見方に関しては、大乗仏教の思想には明らかに限界があります。けれども、この『法華経』の教説とともに、「男子に変身する」という屈折した媒介項を入れているとはいえ、本章が女性の成仏への道を切り開こうとしていることはたしかです。

## 『維摩経』に見る男女平等

ちなみに、天女の位置づけという点に関していえば、大乗経典の中では『維摩経《ゆいまぎょう》』のそれが注目されます。『維摩経』は東アジア世界においてとくに愛好され広まった経典ですから、ご存じの方も多いでしょう。そこでは、天女が長老シャーリプトラに向かって「空」の教えを説き、神通力によってお互いのすがたを交換し、男も女も仮のすがたにすぎないことを明らかにしておりますシャーリプトラを相手に設定していることにいわゆる「小乗」に対する批判の意図が明白です。というのは、シャーリプトラは、伝統仏教、いわゆる小乗では釈尊の十大弟子の一人で、「智慧第一」と称される人物です。そのシャーリプトラをやりこめているということは、智慧そのものに小乗も大乗もないにもかかわらず、小乗の智慧では大乗の世界は及びもつかないと主張しているのも同然だからです。けれども、この天女を登場させることによって、『維摩経』が根本的には男女平等の見方の確立を志向していることはまちがいないでしょう。『維摩経』の天女は、前出の『華厳経』第三十章に現れる天女よりも、さらに数段進んだ人間観を映し出しているのです。

## 怒りの心

次の第十場、第三十一章「普賢菩薩の実践の章」（普賢菩薩行品《ふげんぼさつぎょうぼん》）に入ると、表題のとおり、『華厳経』の菩薩たちの代表格である普賢菩薩が再び登場してきます。そして、初めに最大の悪として怒りの心（瞋恚心《しんいしん》）を取り上げて、それが引き起こす多くの障害について論じ、ついでその怒りの心を離れるための実践について段階的に説き明かしていくのです。

その中で、私たちがとくに銘記すべき点は二つあると思われます。一つは、一般にはせいぜい根本的な煩悩としての三毒（貪《むさぼ》り・怒り・愚かさ）の一つに数えられる怒りの心を最大の悪とみなし、それがもつ害毒の根強さに注目していることです。これはよくよく考えてみる必要があります。経典自体には、この怒りの心を起こすことによって、さとりが実現されないこと、しばしば誹謗《ひぼう》されること、悪い仲間に近づいていくこと、謙虚さが身につかないことなどが挙げられております。たしかにそのとおりではないでしょうか。綿密に省察するとき、私たちにも怒りの心が他者に苦痛や悩みを与えるだけではなく、自らの人格を傷つけ、自らの人間的成長を妨げることが知られてきます。できるだけ怒らないようにする――そのことから仏道が大きく開かれてくることを本章は教えてくれているのです。

二つには、怒りの心を離れて修めていく菩薩道について、そのプロセスは詳しく説示されるものの、教説のポイントはきわめて簡明であるということです。つまりそれは、あらゆる事象が限りないかかわりあいの中で生起し存在していることを知って、それに即応した利他の活動を展開せよ、ということに尽きます。言い換えれば、自分自身も自分を取り巻くすべてのものごとも、縁起的に存在するだけであるという自覚と、その自覚の上に利他に生きる主体を確立することを求めているだけなのです。この章を介して私たちは、『華厳経』が掲げる菩薩道の要点を明確に捉えることができるのではないでしょうか。

＊1　主に瞑想の修行によって獲得される超能力。未来を知る天眼通、他人の心を知る他心通など。三つ（三明）や六つ（六通）にまとめられる。
＊2　サンスクリット語で、「数えきれないこと」を意味するが、きわめて大きな数の一単位。

無量数などと訳す。

＊3　一カルパ。カルパはサンスクリット語で古代インドにおけるきわめて長い時間の一単位。一説に四十里四方の石に三年に一度ずつ天女が下り、羽衣でその石を払う。それによって石が少しずつ磨耗し、ついにはその巨大な石が無くなってしまうほどの時間という。また一説には四十里四方の巨大な容器にからし粒を隙間なく詰め、三年に一粒ずつ取っていって、全部なくなるまでの時間という。

＊4　錠光仏は、ディーパンカラ（Dīpaṃkara）の訳語の一つで、燃灯仏とも訳す。過去世の仏で、釈尊がやがて仏となることを予告したとされる。頗梨は水晶のこと。

# 第十一講　智慧の輝き

## 1　真実の法の章――第六幕第十一場

### 如来の出現

私たちが住むこの欲望の世界の最上層にあるという他化天宮（パラニルミタヴァシャヴァルティン天）を舞台とする教説の最後を飾るのは、「真実の法の章」（宝王如来性起品《ほうおうにょらいしょうきぼん》）です。

本章も、もとは独立した一経典でした。そのことは、本章と前述した「法の体得の章」（十忍品《じゅうにんぼん》）とに対応する内容をもつ『如来興顕経《にょらいこうけんきょう》』が、すでに早く西晋《せいしん》の元康元年（二九一）に敦煌《とんこう》出身のダルマラクシャ（竺法護《じくほうご》、二三九―三一六）によって訳出され、現在まで伝えられていることから明らかです。また近年、名古屋の七寺《ななつでら》の一切経の調査でわかってきたことですが、本章はおそらく『六十華厳』の訳出後に一群の人びとによって抜き出されて『如来性起微密蔵経《しょうきみみつぞうきょう》』として流布し、これが日本にも伝えられてきておりました。

このことも、本章が一定の関連性のもとに『華厳経《けごんきょう》』に組み込まれたこと、『華厳経』の他の諸章ともともとから強い結びつきをもっていたわけではなかったことの証《あかし》の一つであるといえましょう。

なお、『八十華厳』の本章は「如来の出現の章」（如来出現品《にょらいしゅつげんぼん》）、チベット訳『華厳経』のそれは、「如来の生起・出現の説示」と名づけられております。チベット訳のものについては、その現代語訳が髙崎直道先生によってなされておりますので（『大乗仏典』12、中央公論社）、併《あわ》せて参照されれば、より本章の内容をよく理解していただけると思います。

「如来の性起の正法」

本章ではまず、仏が眉間《みけん》の白毫相《びゃくごうそう》から「明如来法」と名づける大光明を放ってあらゆる世界を照らし出し、無数の菩薩《ぼさつ》たちを目覚めさせます。すると、「如来性起妙徳」という名の菩薩が立ち上がって仏を讃《たた》え、教えを請います。そのときに仏は、今度は口の中から「無礙無畏《むげむい》」と名づける大光明を放ってあらゆる世界を照らし出します。この光が、最後に普賢《ふげん》菩薩の口に入ります。こうして、如来性起妙徳菩薩の問いに答える形で、普賢菩薩が「如来の性起の正法」を説き始める、というわけです。ちなみに「性起」とは、『六十華厳』ではしばしば用いられるキーワードの一つですが、おそらく漢訳者の大胆な意訳語です。それゆえ、その意味を明確にすることは容易ではありません。しかし、語法と文脈からは「性より起これる」、つまり「（如来の）本性から生起した」という意味にとるのが自然のようです。

さて、普賢菩薩によれば、仏がさとりを完成され、世に出現されるのには、十種に区別される無数の因縁があります。すなわち、

(1) 無量のさとりへの心を発《おこ》し、一切の衆生を捨てないこと
(2) 過去の世において、あらゆる善を修め、正しくすなおな心を磨きあげてきたこと
(3) 無量の慈悲で、衆生を救い護《まも》ること
(4) 無量の行を実践し、大いなる願いを保ちつづけること
(5) 無量の功徳を積み、これでよしとすることがないこと
(6) 数限りなく多くの仏たちを敬い供養し、衆生を教化すること
(7) 無量の方便と智慧《ちえ》とを生み出すこと
(8) 無量の功徳の蔵を完成すること
(9) 身を飾る無量の智慧を具《そな》えること
(10) 無量の教えの真実の意味を区別して知り、説き広めること

という十種です。そして、そのような仏の出現は、ちょうど大宇宙（三千大千世界）が無量の因縁によって生まれたのと同じであるとされます。

## 『性起経』の宇宙観

話は少し余談になりますが、比喩《ひゆ》として示されるこの大宇宙の誕生に関する説話には、「宝王如来性起品」として『華厳経』に組み込まれる前の独立経典『性起経』——かりにこのように名づけておきます——の作成にかかわった三世紀頃の一群の大乗仏教徒の宇宙観がうかがわれて、興味深いものがあります。この説話もおそらく古来の須弥山《しゅみせん》説を下敷きにしているのでしょう。それによれば、宇宙の誕生の基本構図は、まず大雲が発生し、これが大雨を降らせます。しかし、それとともに、この大水を保持し制御するために、風の渦（風輪）ができ、これがまたさまざまの場所と物とを作りあげていく、ということになるようです。かれらは、つきつめれば、宇宙は水と風とからなり、その全体は大きな蓮華のすがたをしていると考えていたのです。この『性起経』の宇宙観は、おそらく先に見た『華厳経』自体の宇宙観の形成に少なからず影響を与えたのではないでしょうか。

## 仏の真実の教え

普賢菩薩は、つづいて仏の真実の教えの特徴について、要約して語ります。それは、次のとおりです。

仏子《ぶっし》よ、菩薩摩訶薩《ぼさつまかさつ》は又復《またまさ》応に知るべし、如来の性起《しょうき》の正法《しょうぼう》は功徳無量なり。行無量なるが故に。十方に充満す。来去《らいこ》無きが故に。生住滅を離る。行有ること無きが故に。心意識を離る。身《しん》有ることを無きが故に。性は虚空《こくう》の如し。悉《ことごと》く平等なるが故に。一切《いっさい》の衆生《しゅじょう》に我・我所無し。尽有ること無きが故に。一切の刹《せつ》において尽くること無し。転有ること無きが故に。未来際を断ぜず。退有ること無きが故に。如来の智は無礙《むげ》にして無二・平等なり。有為《うい》・無為《むい》を観察《かんざつ》するが故に。等正覚《とうしょうがく》を成《じょう》じ、衆生を饒益《にょうやく》す。本行を廻《え》向《こう》して、自在に満足せしむるが故に。

仏の子よ、菩薩はまた、次のように知るべきである。仏の本性から起こった真実の教え（如来性起正法）は、その功徳は無量である。なぜなら、〔それを培った〕修行が無量だからである。それは、十方《じっぽう》に満ち満ちている。なぜなら、それには来ることも去ることもなく〔永遠〕だからである。それは、発生・安定・消滅〔というあり方〕を離れている。なぜなら、〔実は〕進行・変化ということはないからである。それは、心・意思・認識を離れている。なぜなら、〔それらのよりどころとなる〕身〔そのもの〕が〔実体としては〕存在しないからである。その本性は虚空のごとくである。なぜなら、あらゆる面にわたって平等だからである。一切の衆生は〔それを〕「われ」「わがもの」とすることができない。なぜなら、〔その教えは〕無尽だからである。一切の国土において尽きることがない。なぜなら、〔教えを〕広めていく〔中で、説かれるところとそうでないところができる〕ということがないからである。未来の果てまで断絶することがない。なぜなら、後退するということがないからである。〔それを生み出す〕仏の智慧には何の障害もなく、無二・平等である。なぜなら、〔仏は〕作られたもの（有為）と作られないもの（無為）とを〔正しく〕観察しておられるからである。それは、平等で正しいさとりを完成させ、衆生を益するものである。なぜなら、過去に修めた善行を廻らせて、自在に満足させるからである。

この一節は、簡略で、しかも諸本の間に少し混乱があります。いまは、『六十華厳』に従って私訳を試みましたが、意味のはっきりしないところもあります。しかし、仏の教えが、仏自身が培ってこられた全人格の発露であり、それゆえに徹底して平等で普遍的で、私たち一人ひとりに浸透し尽くしてくるものであることが示されていることは、まちがいありません。

**仏のすがたとはたらき**

では、そのような仏のすがたとはたらきはどのようなものであり、菩薩はそれをどうして知るのでしょうか。本章には、以下にこのことがさまざまの喩《たと》えを用いながら詳しく説かれます。

たとえば第四項では、仏の智慧の光はあまねくゆきわたるが、ちょうど日が昇るときに高い山から順に照らし出されていくように、衆生の資質の高下によって仏の智慧の光に照らされる時期が異なる、といった具合に説かれているわけです。

なお、この教説の中で衆生が菩薩・縁覚・声聞・善良な衆生（決定善根衆生）・一切の衆生ないし邪悪な衆生（一切衆生乃至邪定）の五種に分類されていることは、後代の種《しゅ》性《しょう》（種姓）論、すなわち、衆生の能力・性質をめぐる議論の中でも注目され、「種性各別」（衆生の資質にはもともと決定的な区別があるとする考え方）を唱える側の根拠の一つともされています。

目覚めの心

このあと、普賢菩薩は、仏の声、仏の目覚めの心、仏の実践、仏のさとり、仏の教化、仏の安らぎなどを知る菩薩の知見について次々と説き進め、最後に自分が仏のもとで修めた善行について述べます。この叙述が、やはり釈尊《しゃくそん》の生涯を下敷きとしていることは一見してわかりますが、その中でとくに注意しておきたいものは「仏の目覚めの心」（如来応《にょらいおう》供等正覚心《ぐとうしょうがくしん》）の教説です。次にその中から、重要と思われるところをいくつか紹介してみましょう。

仏子《ぶっし》よ、云何《いかん》が菩薩摩訶薩《ぼさつまかさつ》は、如来応供等正覚心《にょらいおうぐとうしょうがくしん》を知見するや。此の菩薩摩訶薩は、心意識の如来に即するに非《あら》ざるを知る。但《た》だ如来の智は無量なるが故に心も亦《ま》た無量なりと知るのみなり。仏子よ、譬《たと》えば虚空《こくう》は、悉《ことごと》く一切《いっさい》万物の所依《しょえ》と為《な》るも、而《しか》も彼《か》の虚空は依止《えし》する所無きが如し。如来《にょらい》の智慧も亦復《またかく》是の如し。悉く一切の世間の智慧と離世間の智の依止する所と為るも、而も如来の智は依止する所無し。仏子よ、是を菩薩摩訶薩最初の勝行《しょうぎょう》の、如来応供等正覚心を知見すと為す。

復《ま》た次に、仏子よ、譬えば清浄《しょうじょう》の法界は、悉く一切の声聞・縁覚・菩薩の解脱の依止する所と為るも、而も清浄の法界は増すこと無く減ずること無し。如来の智慧も亦復《また》是の如し。一切の世間・出世間の智、算数・巧術、一切の衆智の依止する所と為るも、而も如来の智は増すこと無く減ずること無し。仏子よ、是を菩薩摩訶薩の第二の勝行の、如来応供等正覚心を知見すと為す。

仏の子よ、菩薩はどのように、仏の目覚めの心を知るのであろうか。

この菩薩は、心・意思・認識によって仏を捉《とら》えきることができないと知る。ただ、仏の智慧は無量であるから、〔仏のさとりの〕心もまた無量であると知るのである。仏の子よ、たとえば虚空は、万物のよりどころとなるが、虚空そのものにはよりどころはない。仏の智慧もまたこれと同じで、一切の世間の智慧、および、世間を超える智慧のよりどころとなるが、仏の智慧そのものにはよりどころがない。仏の子よ、このように知ることを菩薩の、仏のさとりの心を知る第一のすぐれた行いというのである。

また次に、仏の子よ、たとえば浄《きよ》らかな真実の世界（法界）は、一切の声聞・縁覚・菩薩〔という修行者すべて〕の解脱のよりどころとなるが、その世界自体は増しも減りもしない。仏の智慧もそれと同じで、一切の世間・出世間の智慧、算数・技術など、あらゆる知識のよりどころとなるが、仏の智慧そのものは増えも減りもしない。仏の子よ、このように知ることを菩薩の、仏のさとりの心を知る第二のすぐれた行いというのである。

まず、これら初めの二つの「すぐれた行い」の教説において、仏の智慧は聖俗二つの世界を通じてあらゆる学問・技術・知識のよりどころとなり、しかも増しも減りもしない、と説かれております。この主張は、少なくとも本章を生み出した人びとにとっては、仏教の智慧が決して人間社会の文化・文明、およびそれらを生み出すものと対立したり衝突したりするものではなく、かえってそれらを支え、包み込むものであることを高らかに宣言しています。敷衍《ふえん》していえば、仏教は科学とも他の宗教とも対立せず、むしろそれらを通して自らの一面を明らかにするものであるというのです。仏教が基本的に、主体的真実を追究し、その真実を体得して生きることをめざすものであることに照らして、そのとおりなのではないでしょうか。私たちは、このような見方に立ち、自信をもってこれからの仏教のあり方を考えていきたいと思います。

仏の智慧のはたらく場

次に取り上げたいのは第七の「すぐれた行い」に関する教説で、次のようなものです。

復《ま》た次に、仏子よ、譬如《たと》えば雪山の頂きに薬王樹《やくおうじゅ》有り、「非従根生非不従生」（根より生ずるに非《あら》ず、生ぜざるに非ず）と名づく。彼《か》の薬王樹は、六百八十万由旬《ゆじゅん》の下極《げごく》の金剛地の水輪の際より生ず。仏子よ、此の薬王樹、若《も》しは根を生ずる時、閻浮提《えんぶだい》の樹の一切《いっさい》の根生ず。若しは茎を生ずる時、閻浮提の樹、皆悉《みな》茎を生ず。若しは枝葉華果を生ずる時、閻浮提の樹は、一切、悉《ことごと》く枝葉華果を生ず。此の薬王樹の根能《よ》く茎を生じ、茎能く根を生ず。是の故に名づけて「不従根生非不従根」と曰《い》う。仏子よ、此の薬王樹は一切の諸《もろもろ》の処に皆《み》な悉生長するも、唯《た》だ二処を除く。所謂《いわゆる》地獄の深阬と及び水輪中とには生長することを得ず。而《しか》も大薬王樹は亦《ま》た生性を捨てざるなり。

如来の智慧の大薬王樹も亦復《またかく》是の如し。一切の如来の種性《しゅしょう》の中より生ず。

また次に、仏の子よ、たとえばヒマラヤの山頂に「根から生えるのでもなく、生えないのでもない」という名の薬王樹がある。この樹は、六百八十万ヨージャナ下の〔大地の底の〕金剛地の水の渦の際《きわ》から生え出している。仏の子よ、この薬王樹が根を生ずるときには、このジャンブドヴィーパ[*2]の樹のすべての根が生じ、それが茎を生ずるときにはこのジャンブドヴィーパの樹のすべてが茎を生じ、それが枝・葉・花・果実を生ずるときには、ジャンブドヴィーパの樹はみな枝・葉・花・果実を生ずる。この薬王樹は、根が茎を生ずるとともに、茎がよく根を生ずる。そこで「根から生えるのでもなく、生えないのでもない」と名づけるのである。仏の子よ、この薬王樹は、二箇所を除いて、あらゆるところに生長する。その二箇所とは、地獄の深い穴と〔大地の底にある〕水の渦の中とであり、そこでは生長できないが、大薬王樹自体が生長機能を捨ててしまうわけではない。

仏の智慧の大薬王樹もこれと同じで、一切の仏の家系から生ずるのである。

いまは後段を省略いたしましたが、ここでは、伝説的な薬王樹の喩えをかりて、仏の智慧の普遍性と、私たち自身がそれを育《はぐく》むところにいることが宣言されます。と同時に、いわゆる二乗の人びとの安らぎの世界と邪見などを抱く「非法の器」のあり方とが厳しく否定されております。浄土経典の一つである『無量寿経』の法蔵菩薩の誓願の中にも、「五逆罪を犯したものと正法を誹謗《ひぼう》するもの」とを往生の対象から除くという教説が見られますが（ただし、このことを述べない異本もあります）、それとほぼ共通する立場がここには示されていると思われます。しかし、宗教の根本問題として考えれば、これらの立場は決して鵜呑《うの》みにすべきではないでしょう。なぜなら、たとえば親鸞《しんらん》聖人の「悪人正機《しょうき》」の教えにその一つの典型を見るように、罪深い者こそが救われていく道が開かれて初めて、真の宗教であるといわなければならないからです。

**衆生こそ智慧の器**

第三に注目されるのは、最後の第十の「すぐれた行い」の説示です。すなわち、

**復《ま》た次に、仏子《ぶっし》よ、如来《にょらい》の智慧は処として至らざる無し。何を以ての故に。衆生《しゅじょう》にして衆生の身に如来の智慧を具足《ぐそく》せざる者有ること無し。但《た》だ衆生は顚倒《てんどう》して如来の智慧を知らざるのみなり。顚倒を遠離《おんり》せば、一切智・無師智・無礙《むげ》智を起こすなり。**

仏子よ、譬《たと》えば一経巻有り、如《も》しは一三千大千世界、大千世界の一切《いっさい》の所有、記録せざる無し。……彼《か》の三千大千世界に等しき経巻、一微塵の内に在り。一切の微塵も亦復《また》是《かく》の如し。時に一人有りて世に出興す。智慧聡達にして清浄《しょうじょう》の天眼《てんげん》を具足成就す。此の経巻の微塵の内に在るを見て是《かく》の如きの念《おもい》を作《な》さく、云何《いかん》が此の如き広大の経巻、微塵の内に在りて而《しか》も衆生を饒益《にょうやく》せざるや。我、当《まさ》に勤めて方便を作《な》して彼の微塵を破《やぶ》り、此の経巻を出して衆生を饒益せん、と。爾《そ》の時に彼《か》の人、即ち方便を作して微塵を破壊して此の経巻を出し衆生を饒益せり。

仏子よ、如来の智慧、無相の智慧、無礙《むげ》の智慧は具足して衆生の身中に在り。但だ愚癡《ぐち》の衆生は顛倒《てんどう》の想に覆《おお》われて知らず見ず、信心を生ぜざるなり。

爾の時に如来は、障礙《しょうげ》無き清浄の天眼を以て一切の衆生を観察《かんざつ》したもう。観じ已《おわ》って是の如きの言を作さく、奇なる哉《かな》、奇なる哉。云何が如来の智慧、具足して身中に在るに、而も知見せざるや。我、当《まさ》に彼の衆生に教えて聖道《しょうどう》を覚悟せしめ、悉《ことごと》く永く妄想顛倒の垢縛《くばく》を離れしめ、具《つぶ》さに如来の智慧の其の身内に在りて仏と異なること無きを見せしむべし、と。如来、即時に彼の衆生に教えて八聖道《はっしょうどう》を修め、虚妄《こもう》の顛倒を捨離《しゃり》せしむ。顛倒を離れ已りて如来の智を具え、如来と等しくして衆生を饒益す。仏子よ、是を菩薩摩訶薩の第十の勝行の、如来応供等正覚心《にょらいおうぐとうしょうがくしん》を知見すと為す。

また次に、仏の子よ、仏の智慧はあらゆるところにゆきわたる。どうしてかというと、自分の身に仏の智慧を具えていない衆生はいないからである。ただ、衆生が、顛倒《てんどう》し*4

ていて仏の智慧を知らないだけである。〔それゆえ、この〕顚倒から離れれば、〔仏の〕一切を知る智慧、無師の智慧、障《さわ》りなき智慧を起こすのである。

仏の子よ、たとえば、大宇宙（三千大千世界）と同じ大きさの経巻がある。これにはあらゆる世界のあらゆることがらが記録されている。……〔ところが、実は〕この三千大千世界に等しい経巻が、一つの微粒子の中にあり、他の一切の微粒子もそれと同様である。あるとき、智慧にすぐれ、浄らかな天眼を身につけた人が世に現れた。かれは、この経巻が微粒子の中にあるのを見て、こう考えた。「どうしてこのような広大な経巻が微粒子の中にあるのに、衆生のためにならないのだろう。私が手立てを工夫してこの微粒子を破り、この経巻を取り出して衆生のために役立てよう」と。そこでかれは、手立てを設けて微粒子を壊し、この経巻を取り出して衆生のために役立てた、としよう。

仏の子よ、仏の智慧、特殊性を超えた智慧、障りを離れた智慧は、〔それと同じで〕衆生の身に完全に具わっている。ただ、愚かな衆生は、顚倒して誤って考え、〔そのことを〕知らず、見ず、信じる心を生じないのである。

そのときに仏は、障りなき浄らかな天眼で一切の衆生を観察され、このようにいわれる。「何と不思議なことよ。どうして仏の智慧が完全に自分の身に具わっているのに、〔それを〕知らないのだろう。私が衆生たちに教えて、聖なる道をさとらせ、みなを永遠に妄想と顚倒の束縛から離れさせ、よくよく、仏とまったく異なるところがない智慧がその身中にあることをわからせよう」と。そこで仏は、すぐに衆生に教えて八正道を修めて虚妄な顚倒を捨てさせ、そのあと、仏と等しい仏の智慧を見出《みいだ》させて、衆生に利益を与えるのである。仏の子よ、このことを知ることを菩薩の、仏のさとりの心を知る第十のすぐれた行いというのである。

とあるのがそれです。ここには、大宇宙に等しい大経巻＝真実なるものの開示が一つの塵《ちり》の中にも、つまり、それがどれほど小さなものであろうとも、この世界に存在するすべてのものの中にあるということ、仏の自在の智慧がすべての生きとし生けるものに完全に具わっているということが説かれているわけです。

これは、とくに東アジアの仏教の世界では釈尊のさとられた内容を端的に示すものとされ、『華厳経』の根本思想を表しているとして重視されてきました。たしかにこの教説は、一切の衆生に本質的な無限の価値と尊厳性を認める限りにおいて、深く味わうべきものをもっています。しかしそれは、一歩まちがえば、現実の衆生の生き方や生きざまをそのままに肯定し、是認する理論に変質しかねません。また、実際、歴史の中ではそのような役割を果たしてきた面が小さくありません。私たちは、こうした点を十分に反省しつつ、上の教説が八正道（八聖道）の実践の勧めと一連のものであることを再確認しておきたいと思います。

## 2　再び光の家にて――第七幕

### 菩薩の実践の総括の章

上述してきた「真実の法の章」の後にきますのは、第三十三章「菩薩の実践の総括の章」（離世間品《りせけんぼん》）です。本章は、『華厳経』全体の構想からいえば、これまでの教説を「菩薩の実践の理想とは何か」という観点からまとめるとともに、次の終章「仏の世界に入るの章」（入法界品《にゅうほっかいぼん》）の基調音をつむぎ出していると考えられます。

さて、本章の冒頭には、「そのときに世尊は、マガダ国の静かなさとりの場の光の家（普光法堂）にあって、蓮華蔵の座に坐《すわ》られ、さとりを開かれた」とあります。このことは、本章が他のいくつかの章と同じく、もともと「仏のさとりの場」を舞台として構想された独立の一経典であったことを示しています。（現に、『度世品経《どせぼんきょう》』という、本章に対応する漢訳経典が別に伝えられてきています）。けれども、このように『華厳経』の中に組み込まれ、ここに配されますと、それは、先に「光の家」での説示を終えられ、天上の諸天に座を移されていた仏が、再び地上の「光の家」にもどってこられたときの教説である、と解釈されることになります。『華厳経』の編纂《へんさん》・製作者たちは、『華厳経』という、大宗教歌劇の第七幕としてこの場を設定し、おそらくそのような意味づけを与えたのでしょう。

では、この舞台の主役は誰でしょうか。それは、やはり、『華厳経』の菩薩たちの代表格である普賢菩薩です。すなわち、普賢菩薩が「仏華厳三昧」と名づけられる瞑想《めいそう》の境地に入り、やがて現実に立ちもどります。すると、普慧菩薩がほぼ段階を追って菩薩の修行や境地について二百におよぶ質問をいたします。そこで普賢菩薩が、その質問の一つひとつに対して、それぞれ十条からなる応答を行う、というわけです。

このような構想は、普賢菩薩の本章の教説がまさしく『華厳経』が開示しようとする十全な仏の世界に根ざすものであることを高揚してはおります。しかし、すべての説示が十条に整理されていることは、あまりに形式にこだわり、かえって問題の解明を不十分にしているきらいがあることも否めません。

けれども、それらの中に深く学ぶべき説示も、もちろん多く存在します。次にその実例をいくつか取り上げてみましょう。

## 菩薩の十種の戒

たとえば、第八番目に菩薩の十種の戒が説かれます。戒は、原始仏教以来、仏教者が第一に修めるべきものとされ、不殺生戒（生きものを傷つけ殺すまい、という誓戒）を第一に置く「五戒」などにまとめられてきました。ところが、本章では、そのような伝統的な戒とは一見、まったく異なる十戒を提示するのです。すなわち、①不壊《ふえ》菩提心戒、②離声聞縁覚地戒、③饒《にょう》益《やく》観察一切衆生戒、④令一切衆生住仏法戒、⑤一切菩薩学戒戒、⑥一切無所有戒、⑦一切善根廻向菩提戒、⑧不著一切如来身戒、⑨思惟一切法離取著戒、⑩諸根律儀戒がそれです。(ただし『六十華厳』には実際には第八戒までしか挙げていません。最後の二戒は『八十華厳』によって補いました)。何らの解説もないのが残念ですが、戒の名称だけからも内容はある程度推測していただけるでしょう。その根本精神は、真実のさとりへの心(菩提心)を守り育てることを基盤とする菩薩の教えの実行を深く誓うことである、といえるのではないでしょうか。『華厳経』の姉妹経典ともいえる『梵網経《ぼんもうきょう》』は戒の本源を仏性とし、とくに孝順心・慈悲心を強調しておりますが、これは本章の十種の戒の思想の一つの発展型を示していると考えられます。

## 十種の普賢心

前出の教説にも見える菩提心の理想的なあり方は、本章においては、普賢菩薩の心、つまり普賢心とも名づけられております。この心を発《おこ》すこと、すなわち「発《ほっ》普賢心」が「発菩提心」の理想として提示されるのです。

では普賢心とはどういうものでしょうか。経典にはこれがやはり十種に開かれますが、その中には、一切の衆生を教え護る大慈心、衆生に代ってあらゆる苦しみを受ける大悲心、一切の正しい浄らかな法を受け入れる大海心、一切の誹謗・苦言を耐え忍ぶ須弥山王心などが挙げられております。総じていえば、ここには利他に徹しつつ仏道を歩もうとする、まことに広大で崇高な菩薩の心が示されているのです。

このような教説に接するとき、私たちは、自分の弱さや醜さを思い、心がくじけそうになります。けれども、すでにこれまでにもふれましたように、まず、そういう心の尊さを確信し、そういう心を発したいと自ら願い求めることが大切ではないでしょうか。そこから普賢心は必ず芽生えてきましょう。そしてまた、そのような願いをともにもつことによって、初めて真に平和な世界が実現してくるように思われます。

## 「十種の魔」の教説

ところで、前出の教説とも関連いたしますが、菩薩の実践の具体相に関して、本章にはとくに心を惹《ひ》かれる一つの教説があります。それは、修行を妨げるとされる「十種の魔」の教説です。

まず、この十魔が何を指すかといいますと、①五陰魔、②煩悩魔、③業魔、④心魔、⑤死魔、⑥天魔、⑦失善根魔、⑧三昧魔、⑨善知識魔、⑩不知菩提正法魔です。いま、これらの一つひとつについて詳しく述べる余裕はありません。しかし、その大半は、推知していただけましょう。

ただ、おそらく最も奇異に感じられるのは、第九の善知識魔ではないでしょうか。私も、かつて初めて『華厳経』を通読した折に、ここに目を止めてしまいました。

それは、「いったい、『華厳経』が全体としてはその重要性を強調してやまない善知識が、ここではなぜ悪魔とされているのだろうか」と思ったからです。けれども、これを説明する「かれに対して執着する心を起こすからである」という一句にふれ、静かに考えてみて、なるほどとうなずかれてきました。

私たちが正しい道を学んでいこうとするとき、善知識（サンスクリット語のカルヤーナ・ミトラの訳語。原義は「よき友」の意）、すなわち、真実の同朋《とも》たるよき師、ないし、先達の存在は不可欠です。しかし、ややもしますと、弟子が抱く師への信頼は、おそらくその師がすぐれていればいるほど、いつのまにか執《とら》われへと変わる可能性があります。これは、前に挙げた十種の戒の中の⑧不著一切如来身戒（一切の如来の身に執着しないという誓戒）にも通じるものです。本章のこの教説は、そうした師弟間の微妙な、しかし重大な関係の変質に着目し、「たといどれほど立派な師でも、師その人を絶対視してしまえば、師は悪魔に変わるぞ」と警告しているわけです。私たちは、古くから伝えられてきた教え――「法に依《よ》りて、人に依らざれ」ということば――これは、第七講で述べた「法は人に依る」とは話の筋が異なります――を改めて深くかみしめなければならないでしょう。

## 「十仏」の教説

最後にもう一つ、のちに中国華厳宗の仏身観、つまり、「仏とは何か」という根本問題の捉え方の形成に大きな影響を与えた「十仏」の教説についてお話ししておきたいと思います。

『華厳経』には、全篇を通じて仏を十仏、十身、あるいはそれ以上の数で並べ立てる教説が九回ほど出てきます。そして、このうちの二回が本章に見えます（両者は若干異なるだけです）。華厳宗の第二祖の智儼《ちごん》は、その中の無著《むじゃく》仏・願《がん》仏・業報《ごうほう》仏・持仏・涅槃《ねはん》仏・法界仏・心仏・三昧仏・性《しょう》仏・如意仏の十仏に着目しました。これらは釈尊をモデルとして、仏の内実を十の観点から捉えたものといえましょうが、かれはそれを根源的な仏の真相を開示しているとみなしたのです。

以後、華厳宗の仏身観は、この十仏を一つの核として展開していきます。このことだけからも、本章が華厳思想史上においても決して軽視できないものであることがおわかりいただけるでしょう。

ともあれ、以上に垣間見《かいまみ》たように、本章における普賢菩薩の教説は、やや形式的すぎるとはいえ、高らかに菩薩道の理想を掲げています。巻末には、それまで説かれてきた普賢菩薩の教説を讃えて、十方の仏たちが「よくこの〈一切の菩薩の実践の深く微妙な意味を提示して、真実の智慧を修得させ、あらゆる教えを包み込み、世間・声聞・縁覚〔のあり方〕を離れ、一切の衆生を超越した法として、ことごとく一切の教えを照らし、善行の根を養い、衆生を安らぎへと導く経〉を説かれた」と述べることばがあります。この長い別称は、本章の、そして『度世品経』の原本ともなったもとの独立経典の意図と内容とを要約していると見ることができます。

＊1　長い距離を表す一単位。王の軍隊が一日に進む距離とされる。由旬と音写する。

＊2　ジャンブ樹（インドに一般的な樹木の名）の大陸、の意。須弥山説で、外海にある四つの大陸のうちの南にあるもの。ほぼインド亜大陸に相当する。

＊3　人倫や仏道に背く最も重い罪。一般には、①母を殺すこと、②父を殺すこと、③聖者を殺すこと、④仏の体を傷つけ出血させること、⑤教団の和合を破壊し分裂させること、の五つを指す。

＊4　道理に反する誤ったものの考え方やあり方。無常を永遠と考え、苦を楽とみなし、無我を知らずに我を立て、不浄を清浄と見る、という四顚倒が一般的。

# 第十二講　真実を求めて

## 1　壮麗な館にて──第八幕

### 仏の世界に入るの章

壮大な宗教歌劇の様相を示す大乗経典『華厳経《けごんきょう》』の最後を飾るのは、「仏の世界に入るの章」（入法界品《にゅうほっかいぼん》）です。

この章は『華厳経』全体の約三分の一を占める長編です。しかしそれは、他の多くの章と同様に、もともとは単独に成立し、流布していた経典です。そのことは、現存するサンスクリット本『ガンダーヴューハ・スートラ』がこの「入法界品」にほぼ完全に一致すること、本章に相当する漢訳経典の『羅摩伽経《らまかきょう》』がすでに西晋《せいしん》代に訳出され、伝えられてきていることによって明らかです。『華厳経』の編纂《へんさん》・製作者たちは、現に『ガンダーヴューハ・スートラ』として伝えられてきている大乗の経典を末尾に配するという形で、本経の一部として組み込んだのです。

さて、本章は、「そのときに仏は、シュラーヴァスティー市のジェータヴァナーナータピンダダ園（祇樹給孤独園《ぎじゅぎっこどくおん》）の壮麗な館（大荘厳重閣講堂）におられて、五百人の菩薩《ぼさつ》たちと一緒であった」という叙述から始まっております。菩薩たちの筆頭は、普賢《ふげん》菩薩と文殊《もんじゅ》菩薩です。ここに本章、すなわち『華厳経』の第八幕の舞台が要約して示されているわけですが、それは、あの有名な『平家物語《へいけものがたり》』の冒頭の一句、「祇園精舎《ぎおんしょうじゃ》の鐘の声、諸行無常の響あり」にも出てくる「祇園精舎」の一種のモディフィケーションにほかなりません。なお、舞台としてこの場所が選ばれたのは、おそらく祇園精舎が実際に主要な釈尊《しゃくそん》の説法の場の一つであり、規模も大きかったことや、この地に過去の仏たちがみな精舎を建てられたという伝説がかなり早くから生まれていたことと関係が深いと思われます。

ところで、この舞台に関して一つ忘れてはならないことがあります。それは、ここにはさらに五百人のすぐれた声聞たちが集まっていることが明言される一方で、かれらが仏の活動のすがたをまったく見ることができないということが、くりかえし強調されているという点です。このことは、本章の編纂・製作者たちが、大乗仏教運動の興隆期において、伝統仏教を強く批判しながら、それを包み超える道を呈示しようとしていたことをうかがわせます。

前置きが少々長くなりました。本章の具体的な内容の紹介に入りましょう。

「師子奮迅三昧」

本章の第一場では、仏が自ら菩薩をはじめとして集まった人びとの思いを知り、大いなる悲《あわれ》みの心から「師子奮迅三昧《ししふんじんざんまい》」という瞑想《めいそう》に入られます。「師子奮迅三昧」は『八十華厳』では「師子頻申《ひんしん》三昧」となっておりますが、百獣の王たるライオンが四肢を曲げて声を挙げ、事を始めようとするすがたに比べられる、力の込もった深い瞑想を意味します。般若《はんにゃ》経典にもこの三昧は出てきており、『大智度論《だいちどろん》』ではこれを「智慧《ちえ》の力があるから師子奮迅三昧に入り、よくもろもろの法において自在を得る」などと論じております。しかし、本章ではこの三昧に「真実の世界と等しく、虚空の世界と等しく、三世と等しく、一切の衆生の世界と等しく……」といった完全な平等性をもつ根源的な仏の瞑想としての性格を見出《みいだ》しております。このことは、のちに普賢菩薩によって明らかにされます。

さて、仏が師子奮迅三昧に入られると、集いの場である館（講堂）は、突然、はてしなく広大になるとともに、宝石の網に覆われるなど、この上なく美しく浄《きよ》らかに飾られます。さらにこの地に、十方《じっぽう》の世界から無数の菩薩たちが集まってきて、さまざまのデコレーションを行い、座席に着きます。これらの菩薩たちは、経典によれば、みな普賢菩薩の実践と誓願を身につけ、三世の仏たちの浄らかな智慧の眼を体現するなど、無量の功徳を完成しているとされます。ところが、同じくこの場に来ていながら、釈尊の弟子であるシャーリプトラ（舎利弗）やスブーティ（須菩提《しゅぼだい》）などの大声聞たちは、異なる善行を重ねてきたり、衆生を仏のさとりへと向かわせようとしなかったりしたために、仏の自在のはたらきも菩薩たちの自在の活動も、まったく見ることも聞くこともできず、思い描くことさえできなかったといわれております。つまり、そのような深く広い仏の世界は、「もろもろの声聞・縁覚の境界ではない」というわけです。

## 「一乗別教」

実はこの教説は、一方では『華厳経』が「一乗別教」[*1]として、つまり、一乗の超絶的方面を示すものとして讃仰されました。しかし他方ではまた、『華厳経』が高踏的・独善的な教えであることを表すものとして批難される根拠の一つとなりました。たしかにここでは、菩薩のあり方こそが真実の道を完成するという大乗仏教の立場が高らかに唱導されると同時に、伝統仏教の立場、すなわち併《あわ》せて二乗と称される声聞や縁覚の教えが明確に否定されています。

しかし問題は、「声聞・縁覚の境界」とされるものの中味と、この教説が述べられた意図です。いままでお話ししてきた『華厳経』全体の性格を思い起こし、またこれからお話しする本章の内容をよく味読していただいた上で、この問題は改めて考えてみることにしましょう。

## 明浄願光明菩薩の讃歌

菩薩たちが集まり、集会が調《ととの》うと、まず東方の世界から来た明浄願光明菩薩が讃歌を詠《うた》い出します。

瞻察《せんさつ》せよ、堅固なる人の菩提は思議《しぎ》し難《がた》し。祇洹林《ぎおんりん》に無量の自在の法を顕現《けんげん》したもう。如来は神力を持《じ》して、無量の徳を顕現したもうも、世間は悉《ことごと》く迷惑して諸《もろもろ》の仏の法を知らず。

法王の甚深《じんじん》の法は、無量にして思議し難し。大変化《だいへんげ》を顕現したもうも、一切能《よ》く測る莫《な》し。

如来の荘厳《しょうごん》の相は、讃歎し尽くすべからず。法は無相なるを以ての故に、一切の仏を宣《せん》明《みよう》す。

最勝なるは祇洹に於《お》いて自在の力を顕現したもう。甚深《じんじん》なることを議すべからず。語言の道を遠離《おんり》す。

観察《かんざつ》せば、無量の徳の菩薩衆、雲集す。不思議の刹《せつ》より来たりて、最勝なるを供養す。

よく見よ。堅固な人（＝仏）のさとりは思いはかりがたい。このジェータ林に、無量の自在の法を顕現される。

仏の威神力がはたらきつづけて、無量の徳を現し出すが、世間〔の人びと〕はみなそれに惑い、仏たちの法を知らない。

法の王者の奥深い法は、無量であって思いはかりがたい。偉大な奇跡を現されるが、誰も〔それを〕測り知ることはできない。

仏は、讃《たた》えつくすことができないような美しく飾られたすがたであるが、法は無相であるから、一切の仏〔も無相である〕と明言される。

最もすぐれた人は、ジェータ林で自在の力を顕現された。〔それは〕奥深くて思いはかることはできず、ことばによる表現を超えている。

観察すると、無量の徳を具《そな》えた菩薩たちが雲のように集まっている。〔かれらは〕無数の国土からやってきて、最もすぐれた人を供養しているのである。

後半を略しましたが、全体的にいって、ここには、前述した集会の特徴をまとめながら、その主役である仏、脇役を務める菩薩たちの基本的な性格が簡潔に示されております。とくに、この冒頭の部分は、仏が世間を超えた不可思議の存在であることが強調されている点が印象的です。

## 仏の徹底した慈悲の精神

以後、十方の世界から集まった菩薩たちのリーダーが、次々と讃歌を詠います。それらは根本的にはきわめて類似しているといえましょうが、その讃嘆の視角に微妙な相違があります。いまはその中からもう一つ、最後に登場する上方の世界から来た分別法界智通王菩薩の讃歌だけを抜粋して紹介したいと思います。

菩薩は如来に見《まみ》えて、無量の浄功徳を皆悉《みな》善く廻向《えこう》し、一切智《いっさい》を究竟《くきよう》せんとす。衆生を饒益《にようやく》するが故に、如来は世間に出でたまい、大悲心を具足《ぐそく》して、世の為に法輪を転じたもう。

一切、能《よ》く報ゆる無し。大仙は普《あまね》く慈恩あり。不可思議劫に衆に代りて苦を受くるが故に。

無量億劫の中に諸《もろもろ》の地獄の苦を受け、一切の衆を捨てず、悉《ことごと》く仏に見《まみ》ゆることを得しむ。普く能く衆生に代って具《つぶ》さに無量の苦を受くるも、其の心に疲倦《ひけん》無し。一切を度《ど》せんが為の故に。

……

若《も》し仏に見ゆること有る者は、一切の障を除滅し、功徳の蔵を長養し、究竟して菩提を成ぜん。

如来は能く世間の諸の疑惑を除滅し、其の応化する所に随《したが》って悉く彼の大願を満たしたもう。

菩薩は仏にまみえて、無量の浄らかな功徳をみな〔仏となることへと〕さしむけ、一切を知る智慧を究めようとする。

衆生のためになろうと、仏は世に出られ、大いなる悲《あわれ》みの心を具えて、世のために教えの輪をめぐらされる。

どのようにしても、偉大な仙人〔＝仏〕のあまねく及ぶ慈しみの恩に報いることはできない。〔なぜなら、仏は〕はてしなく長い時間にわたって、衆生に代って苦しみを受けてこられたからである。

無量億劫の間、あらゆる地獄の苦しみを受け、一切の衆生を捨てず、みなを仏にまみえさせようとされてきた。

あまねく衆生に代ってつぶさに無量の苦しみを受けてこられたが、その心はまったく倦《う》み疲れることがない。〔それは〕一切の衆生を〔さとりの岸へと〕渡すためである。

……

もしも仏にまみえる人は、一切の障害を除き、功徳の蔵を養い育て、ついにさとりを完成する。

仏はよく世間のあらゆる疑いと惑いを除き、教化すべきところに従って、ことごとくかれらの大いなる願いを満たしてくださる。


この詩句は、『八十華厳』やサンスクリット本『ガンダーヴューハ』ではかなり違っています。これらでは、たとえば「ひどい苦しみを受けてそれに耐えることのほうが、仏にまみえることがないよりもましである」といった文脈で、何としても仏にまみえること、仏の教えにふれることの貴重さを力説しているからです。

むろん、これはこれで大切な教えですし、『六十華厳』の翻訳者たちがあるいはまちがって上文のように訳したのかもしれません。しかし、それは仏の師子奮迅三昧の根拠である仏自身の徹底した慈悲の精神を見事に詠いあげているという点で、捨てがたいものです。私は、もしそれが原本の相違によるものではなかったとすれば、翻訳者たちが本章の思想を深く受け止めることによって、あえて原本を訂正し、訳出したと見たいのです。

## 光の交響楽

こうして菩薩たちの讃歌が終ると、普賢菩薩が、先にふれたとおり、仏の師子奮迅三昧とはどういうものかを詳しく解説します。そのときに世尊《せそん》は、菩薩たちをこの三昧に安住させようとして眉間《みけん》の白毫相《びゃくごうそう》から光を放ち、十方の一切の世界を照らし出します。これを承《う》けて、菩薩たちもみなそれぞれに無量の光の雲を放ち、仏の功徳を讃えます。経典にはこうした様子が細かく描かれていますが、さほど重要ではありませんので、ここでは省略しましょう。

さて、この光の交響楽の中で、次には文殊菩薩が登場して、このジェータ林の荘厳さを讃えます。つづいてすべての菩薩たちも、仏の三昧の光に照らされて悲《あわれ》みの教えを体得し、光を放ってそれぞれに無数の菩薩の化身を生み出し、衆生の教化に努めます。こうして仏を中心とする集会、第八幕の第一場は終ります。この部分は、次の第二場へのつなぎの役割を果たしているといえるようです。

## 2　文殊菩薩から善財童子へ

第二場の主役は、文殊菩薩から善財童子《ぜんざいどうじ》へとバトンタッチされるという形をとっています。すなわち、文殊菩薩は、自分の住居である「善安住」という名の館を同行の菩薩たちとともに出て、南方へと旅立ちます。すると、これを知ったシャーリプトラら六千人の比《び》丘《く》たちもこれに合流することを願い出ます。そのときに文殊が説く教えは、思うにとても大切です。次に挙げてみましょう。

### 文殊菩薩の旅立ち

汝等、当《まさ》に知るべし、若《も》し善男子・善女人、十種《じっしゅ》の大心を成就せば、則《すなわ》ち仏地を得ん。況《いわ》んや菩薩地をや。何等をか十と為す。所謂《いわゆる》、広大心を発《おこ》して一切《いっさい》の善根を長養し、究《く》竟《きょう》して退かず、心に厭足《えんそく》無し。一切の仏を見、恭敬《くぎょう》し供養して、心に厭足無し。正しく一切の仏法を求めて、心に厭足無し。遍《あまね》く菩薩の諸《もろもろ》の波羅蜜を行じて、心に厭足無し。一切の菩薩の三昧を具足して、心に厭足無し。一切の三世に流転して、心に厭足無し。仏刹《ぶっせつ》の十方に充満せるを厳浄《ごんじょう》して、心に厭足無し。一切の衆生を教化し成熟して、心に厭足無し。一切の刹に於《お》て一切の劫の中に菩薩の行を行じて、心に厭足無し。広大心を発して一切の仏刹の微塵に等しき諸の波羅蜜を修習し、一切の衆生を度脱し、仏の十力を具《そな》えて、心に厭足無し。若し善男子・善女人、是《かく》の如きの十種の大法を成就せば、則《すなわ》ち能《よ》く一切の善根を長養し、生死の趣と一切の世間の性とを離れ、声聞・縁覚の地を超出し、如来の家に生まれ、菩薩の大願を具足成就し、菩薩の行を行じ、菩薩の地に住し、如来の功徳の力を成就し、衆魔を降伏《ごうぶく》し、諸の外道《げどう》を制せん。

おまえたちは次のことを知るべきだ。良家の男子、あるいは女子が十種の大きな心を完成すれば、〔必ず〕仏の境地に到達する。だから、菩薩の境地に到達するのはいうまでもない。十種の大きな心とはどのようなものか。それは、広大な心を発《おこ》して一切の善を実現する力を養い、どこまでも退くことなく、〔これでよいと〕満足することがないこと、一切の仏を見て、敬い供養しながら、満足することがないこと、まっすぐに一切の仏の教えを求めつつ、満足することがないこと、あまねく菩薩の波羅蜜を実践しながら、満足することがないこと、一切の菩薩の三昧を具えながら、満足することがないこと、一切の三世に流転しながら、満足することがないこと、十方に満ち満ちた仏の国を浄め飾りながら、満足することがないこと、一切の衆生を教化し、成熟させながら、満足することがないこと、一切の国において一切の劫の中で菩薩の行を実践しながら、満足することがないこと、広大な心を発して、一切の仏の国の微塵《みじん》に等しい数の波羅蜜を修め、一切の衆生をさとりへと導き、仏の十力を具えながら、満足することがないこと、である。

もしも良家の男女が、このような十種の偉大な生き方を完成したならば、〔その人は〕一切の善を実現する力を養い、生死の道と一切の世間のあり方を離れ、声聞・縁覚の境地を超え、如来《にょらい》の家に生まれ、菩薩の大願を完成し、菩薩の行を実践し、菩薩の境地に住《とど》まり、仏の功徳の力を成就し、悪魔たちを降伏させ、仏教外の〔誤った教えを説く〕人たちを屈伏させることができよう。

　要するに、誰であろうと大乗の心を発《おこ》して、どこまでもその実践に努めていけば、必ず仏となることができるというのが文殊菩薩の教えです。すると、これを聞いた比丘たち、つまり声聞といわれる人たちが、みな「障りなき浄らかな眼」という名の三昧を得、さらに菩薩の実践を完成した。そこで文殊菩薩は、さらに進んでかれらを実践理想ともいうべき普賢行に安住させた、とされます。

　このような一連の叙述は、シャーリプトラに代表される伝統仏教の智慧獲得の道を大乗仏教のそれが包摂すること、また、実は伝統仏教の実践、すなわち声聞・縁覚の道が大乗の菩薩の道にまっすぐにつながっていることを宣言するもののように思われます。本章は、そして『華厳経』は、決して単純にいわゆる二乗を否定しているのではないのです。

### 善財童子との出会い

こうして文殊菩薩は、声聞の比丘たちを導いたあと、さらに南方へと旅をつづけ、覚城という町に到達します。そしてここで『普照一切法界経』という経を説示するのですが、その町の人たちの中に善財童子（スダナ）という少年がいるのに気づき、その来歴を観想します。それによれば、善財童子は、過去のすぐれた行いの報いによって宝に満たされた立派な家に生まれた人物です。この観想のあと文殊菩薩は、「お前のために微妙な仏の法を説こう」といって、すぐにかれのために、仏たちの正しい教えを説き示します。すなわち、仏たちが次に世に興す教え、浄らかな随伴者に関する教え、浄らかな教えの広め方、仏たちのすがたや特徴がなぜ浄らかで美しいのかということ、一切の仏たちがなぜ真理そのものとしての身体を完成するのかということ、仏たちの声がなぜ美しくすばらしいのかということを詳しく説示します。つまりは、一切の仏たちの平等な正しい法を説き明かした、というわけです。

これだけを見ると、善財童子はほとんど完成された修行者であるように思われます。ところがかれは、文殊菩薩の教えを聞いて、ひたすらさとりを求めて文殊菩薩に従っていこうとします。しかも、その際にかれは次のような詩を詠い出すのです。

## 善財童子の告白と祈り

三有《さんぬ》を城郭《じょうかく》と為《な》し、高慢を園牆《えんしょう》と為し、諸趣《しょしゅ》を却敵《きゃくてき》と為し、染愛《ぜんない》を深塹《じんざん》と為し、愚癡《ぐち》の闇に覆蔽《おおわ》れ、三毒常に熾然《しねん》たれば、悪魔、君王と為り、童蒙《どうもう》、依止《えし》して住す。

貪愛の纏縛する所にして、諂曲、正行を壊し、疑惑、慧眼を障ゆれば、諸の邪道に流転す。

慳嫉《けんしつ》の繋縛《けばく》する所なれば、餓鬼の難に趣向《しゅこう》し、生・老・病・死逼《せま》りて、愚癡、趣輪を転ず。

円満無上の悲《あわれ》みある、清浄《しょうじょう》なる智慧の日は、煩悩の海を消竭《しょうかつ》す。願わくは、顧《み》て少しく観察《かんざつ》したまえ。

円満無上の慈しみある、慧光は衆生を安んじ、一切《いっさい》曜らさざる無し。月王よ、願わくは、我を照らしたまえ。

一切の法界の王は、浄法《じょうほう》を四兵と為して、常に正法《しょうぼう》の輪を転ず。願わくは、我を化《け》するに妙法を以てしたまえ。

菩提の願を具足し、功徳の蔵を積集《しゃくじゅう》して、一切の衆を饒益《にょうやく》す。大師よ、願わくは、我を度したまえ。

忍鎧《にんがい》もて身を荘厳《しょうごん》し、智慧の剣を執持《しゅうじ》せり。魔嶮《まけん》・悪道に於《おい》て、我を済《すく》いて衆難《しゅなん》を免れしめたまえ。

法の須弥頂に住し、妙定《みょうじょう》の天女侍し、阿修羅を降伏《ごうぶく》せる、帝釈よ、我を観察したまえ。

離垢《りく》の力を具足し、一切の有《う》を分別せる、世間の明浄《みょうじょう》の灯よ、願わくは我に正趣《しょうしゅ》を示したまえ。

諸の悪道を遠離《おんり》し、悉《ことごと》く善趣をして浄からしむ。我に解脱《げだつ》の門を開きて、諸の世の難より超出せしめたまえ。常・楽・我・浄に著《じゃく》し、生死に迷惑す。清浄なる智慧の眼よ。願わくは解脱の門を開きたまえ。諸の顚倒《てんどう》を遠離し、無畏《むい》にして正道を知り、諸の正趣を了達《りょうだつ》せり。我に菩提を示現したまえ。

……

浄き慧眼を開発し、荘厳せる妙智の王は、冠するに無上の冠を以てせり。法王よ、慈しみもて我を顧《み》たまえ。

〔迷える私は〕三つの生存の世界を住む町とし、高慢を垣根とし、さまざまの〔迷いの〕道を出入口とし、染愛《ぜんあい》を塹壕《ざんごう》とし、愚かさの闇に覆われ、三毒がいつも燃えさかっておりますので、悪魔が王となり、愚者が寄り集まってきます。

愛着にまといつかれ、へつらいによって正しい実践が破壊され、疑惑によって智慧の眼がふさがれておりますので、さまざまの邪道を経めぐっています。物惜しみや嫉妬《しっと》に縛られるために、餓鬼の住む苦難の世界に赴き、生・老・病・死の苦しみが身に迫り、愚かさが苦しみの世界の輪を回しております。完全・無上の悲《あわれ》みをもつ、浄らかな智慧の日〔のようなあなた〕は、煩悩の海を消滅してしまわれる。どうか〔私に〕目をかけ、少し観察してください。

完全・無上の慈しみをもつ、〔あなたの〕智慧の光は、生きとし生けるものを安らかにし、一切のものを照らし出す。月の王〔にも喩《たと》えられる文殊師利〕よ、どうか、私を照らしてください。

あらゆる真理の世界の王は、浄らかな真理の教えを軍勢として、常に正しい教えの輪をめぐらせる。どうか〔文殊師利よ〕、妙《たえ》なる教えによって私を教化してください。

〔あなたは〕さとりの誓願を具え、多くの功徳を積み集めて、一切の人びとのために活動される。大師よ、どうか私を〔さとりの岸へと〕渡してください。

〔あなたは〕忍耐の鎧《よろい》を着て身を飾り、智慧の剣を執《と》っておられる。悪魔のいる険しい山、悪の世界から、私を救い上げ、あらゆる災難を免れさせてください。

法の須弥《しゅみ》山《せん》の頂にあって、すぐれた瞑想の天女が仕え、阿修羅《あしゅら》を降伏させる帝釈天《たいしゃくてん》〔のような文殊師利〕よ、私を観察してください。

汚れを離れる力を具え、一切の存在を詳しく知っている。世間の明るい灯火《ともしび》〔のような文殊師利〕よ、どうか私に正しい道をお示しください。

〔あなたは〕あらゆる悪の世界から遠ざかり、ことごとく善の世界を浄めておられる。私に解脱の門を開き、すべての世間の苦難から〔私を〕脱《ぬ》け出させてください。

〔私は〕永遠不変・快楽・自我・清浄〔の観念〕に執《とら》われ、生死の世界をさまよっております。浄らかな智慧の眼〔をもつ文殊師利〕よ、どうか、解脱の門を開いてください。

〔あなたは〕あらゆるさかさまの見方を離れ、何ものも怖れない力を身につけて正しい世界を知り、すべての正しい道に通達しておられる。私にさとりをお示しください。

……

浄らかな智慧の眼を開き、〔それを〕身の飾りとしている妙なる智慧をもつ王は、無上の冠をかぶられる。法王よ、私を慈しみ、私にお目をおかけください。

ここには、迷いの中に沈んでいる自らの嘆きと、それゆえに起こる文殊菩薩の導きへの願いが切々と訴えられております。これは、善財童子が、経典が説き示すように、まさに過去の世界においてすでに菩薩の道を修め、心を浄めているからこそ、気づかれ、願われることなのでしょうか。

ともあれ、このように、現実の自己を見つめた告白と祈りが善財童子の求道の旅の出発点にあります。私たちは、このことを決して忘れてはなりません。

なお、サンスクリット本『ガンダ-ヴューハ・スートラ』では、迷いと苦しみの中にあるのは衆生で、善財童子はその衆生を救うために文殊菩薩に懇請するという形になっております。しかし、これが原型であったかどうかは疑問です。いまは『六十華厳』の文脈に従って理解しておきます。

## 3　善財童子の旅

### 善財童子の師たち

さて、文殊菩薩の導きに始まり、普賢菩薩の成仏の予言に終る善財童子の旅は、多くの「よき友」、つまり師との出会いとその教えの体得のプロセスとして描きあげられます。「よき友」としての師の数は五十四人（または五十三人、五十五人とも数えられます）ですが、それらの師たちの全体的な特徴としての何よりも注目されることは、かれの師たちの地位、身分、職業、性別、および指導の仕方がさまざまであるということです。善財童子の師となる人びとの中には、菩薩・比丘・長者・女性信者・仙人・バラモン・娘・少年・国王・商人・漁師・女神・金細工師などがおり、中には怒りや愛欲をそのまま体現しているように思える人さえいるのです。しかも、興味深いことは、数の上では裕福な在俗者と女性が多く、かつ、それらの人びとが善財童子の修行の進展という観点から見て、比較的重要な位置に配されているということです。これらの点は、『ガンダーヴューハ・スートラ』の原本として結晶した思想運動の母胎が、深く人間の真実を洞察し、高く人間の平等の理念を掲げていたこと、またその主な支持基盤が経済的に富裕な階層と女性信者層にあったことを物語っているようです。

## 文殊菩薩の教え

いうまでもなく、善財童子の求道のすがたと師たちの教えの中には、注目すべきものが少なくありません。しかし、いまそれらをいちいち紹介することはできませんから、私自身がとくに心惹《ひ》かれるもののいくつかを取り上げてみたいと思います。

まず初めに、文殊菩薩がどういう形で善財童子を求道の旅へ送り出すかを見てみましょう。経典によれば、かれは、善財童子の告白と祈りの詩を聞くと、象の王のようにゆっくりと身体を向けてこういいます。

善い哉《かな》、善い哉。善男子よ、乃《すなわ》ち能《よ》く阿耨多羅三藐三菩提心《あのくたらさんみゃくさんぼだいしん》を発《おこ》し、善知識を求め、善知識に親近し、菩薩の行を問い、菩薩の道を求めんとす。善男子よ、是れ菩薩の第一の蔵為《ぞうた》り。一切智《いっさいち》を具せり。所謂《いわゆる》、善知識を求め、親近し恭敬《くぎょう》して、之を供養するなり。是の故に、善男子よ、応《まさ》に善知識を求め、親近し恭敬し、一心に供養して、厭足すること無く、菩薩の行を問うべし。云何《いかん》が菩薩の道を修習《しゅじゅう》し、云何が菩薩の行を満足し、云何が菩薩の行を清浄《きよ》め、云何が菩薩の行を究竟《くきょう》し、云何が菩薩の行を出生し、云何が菩薩の道を正念し、云何が菩薩の境界の道を縁じ、云何が菩薩の道を増広《ぞうこう》し、云何が菩薩は普賢の行を具するや、と。

よろしい、よろしい。君よ、よくぞ無上のさとりへの心を発《おこ》し、善き師を求め、善き師に近づき、菩薩の実践について尋ね、菩薩の道を求めようとされた。君よ、これが菩薩の第一の蔵であり、〔これには仏の〕一切を知る智慧が具わっている。すなわち、善き師を求め、近づき、敬い、供養するということが、それである。そうであるから、君よ、善き師を求め、近づき、敬い、一心に供養しつづけて、菩薩の実践について尋ねるがよい。どのように菩薩の道を修め、どのように菩薩の実践を完成し、どのように菩薩の実践を浄め、どのように菩薩の実践を究め、どのように菩薩の実践を生み出し、どのように菩薩の道を正しく念じ、どのように菩薩の境地のあり方にかかわり、どのように菩薩の道を充実・発展させ、どのように菩薩は普賢の実践を身につけるのですか、と。

つまり、善財童子が正しいさとりへの心を発したことを讃え、善知識を訪ねて菩薩の実践について詳しく問うべきことを教えるのです（なお、対応する他の諸本では、この文のうち傍線を引いた語までが文殊菩薩のことばで、それ以下は善財童子が尋ねる形になっております。しかし、この『六十華厳』のように、善知識への問い方や問う内容についても文殊菩薩が説示した、とするほうが自然で、もとの形であったのではないか、と私には思われます）。

つづいて文殊菩薩は、善財童子のために次の詩句を唱えます。

善い哉《かな》、功徳の蔵よ、能《よ》く我が所に来詣し、広大の悲心を発《おこ》し、専《もっぱ》ら無上の道を求めたり。

先に諸《もろもろ》の大願を発して衆生の苦を除滅し、菩薩の行を究竟《くきょう》し、無上の道を成就せんとす。

若《も》し諸の菩薩有って、生死の苦を厭《いと》わざれば、普賢の行を具足して一切《いっさいよ》能く壊《やぶ》るもの莫《な》けん。

功徳の光、勝《あ》げて来たれる、清浄なる功徳海あれば、正しく普賢の行を求め、一切の衆を饒益《にょうやく》せんとす。

無量にして辺有ること無き、世界の諸仏の所に、浄法の雲を説くを聞き、受持して忘失せざれ。

悉《ことごと》く十方界に於《お》いて、普《あまね》く無量の仏を見、諸の願海を成満し、菩薩の行を具足せよ。

方便の海を究竟し、如来の地に安住し、諸仏の教に随順せば、一切智を逮得《たいとく》せん。

一切の世界の中の、法王の積劫《しゃくこう》の行もて、普賢の道を具足して、仏の菩提を究竟せよ。

一切の刹劫《せつごう》の海に、菩薩の行を修習《しゅじゅう》し、諸の大願を満足し、普賢の乗を成就せよ。

無量の諸の衆生の、彼の名号《みょうごう》を聞く者は、普賢の願を修習して、無上道を成《じょう》ずることを得ん。

　すばらしいぞ、功徳を具えたものよ、よく私のもとへ来て、広大な悲《あわれ》みの心を発《おこ》し、ひたすら無上の道を求められた。

〔おまえは〕先にすでにさまざまの大願を発して、衆生の苦しみを除き、菩薩の実践を究め、無上の道を完成しようと願ってきた。

もしも菩薩たちが、生死の苦しみを厭《いと》わなければ、〔かれらは、必ず〕普賢の実践を体得して、何ものにも打ち破られることはないだろう。

〔おまえは〕功徳の光がすべてさしてくる、浄らかな功徳の海をそなえているので、まっすぐに普賢の実践を求め、一切の衆生を助けようとしている。

〔どうか〕無量・無辺の世界の仏たちのもとで、浄らかな教えの説法を聞き、〔それを〕受持して忘れないように。

十方のあらゆる世界で、あまねく無数の仏に会い、すべての願いを完成し、菩薩の実践を身につけるように。

〔衆生を救う〕手立てを究め、仏の境地に安らぎ、仏たちの教えに従うならば、〔仏の〕一切を知る智慧が獲得されよう。

一切の世界の、法王が限りなく長い時間をかけて踏み行われてきた実践を通じて、普賢の道を身につけ、仏のさとりを究めよ。

すべての国土で、一切の時代に、菩薩の実践を修め、あらゆる大願を満たし、普賢の教えを成就せよ。

無量の衆生たちの中で、普賢の名前を聞く者は〔必ず〕普賢の願いを習い修め、無上の道を完成することができよう。

なんと力強い行きとどいた励ましでしょう。善財童子ならずとも、これを聞けば、何の不安もなく旅立つ決意を固めることができるかもしれません。

この詩句を唱えたあと、文殊菩薩は南方の可楽国の和合山にいる功徳雲比丘《くどくうんびく》を訪ねるように指示します。善財童子はそれを承けて、何度も礼をしたあと、別れを惜しんで泣きながら文殊菩薩のもとから去っていきます。

ちなみに、ここで詳しく紹介することはできませんが、功徳雲比丘は「普門光明観察正念諸仏三昧」を知っているとされます。一言でいえば、念仏――といっても、称名念仏ではなく、仏とその世界をひたすら念想する憶念の念仏です――の行者なのです。文殊菩薩が善財童子に最初にこの善知識を指示したということは、念仏が仏教実践の根幹にあるものであることを示唆しているのでしょうか。

## さまざまの師たち

善財童子が三番目に訪れるのはサーガラメーガ（海雲）比丘です。おもしろいのは、この比丘の実践そのもので、かれは十二年の間、南方の海門国に住み、大海を自分の境界としてこれを観察し、そのために美しい海に住む仏から、仏だけの境地を説く『普眼経』を聞いた、といわれます。思うに、このことは、海それ自体が、海を見、海を思い、海を愛しつづける人に自らの真実――それは宇宙の真実に通じています――を開き示すということを表しております。サーガラメーガ比丘のさとりとは、海に学び、海を根底から知って、大自然と調和して生きることであったといえるかもしれません。人間と自然とのかかわりについて反省し、両者の関係を再構築することを迫られている今日こそ、私たちはこの話をじっくりと味わってみるべきではないでしょうか。

次に、五番目の師のメーガ（弥伽）は『六十華厳』では「良医」、すなわち、よい医者とされております。けれども、『ガンダーヴューハ・スートラ』などによれば、かれはドラヴィダ人、つまり、アーリア民族によって征服されたインド先住民の子孫で、最下層のカーストに属する人です。こういう階層の人が登場すること自体、一つの驚きですが、そのメーガは、善財童子が訪れたとき、一万の人びとのために教えを説いていたとされます。そして善財童子が教えを請うと、「もうさとりへの心を発《おこ》しましたか」と尋ね、その「はい」という返事を聞くや、説法の座から下り、善財童子を礼拝した、とされております。

問題は、このメーガの態度です。ここでは師弟の常識的な関係が逆転されているといえるでしょうが、このような設定が可能であったのは、メーガが最下層の出身であるということと無縁ではなさそうです。この点に鑑《かんが》みて、『ガンダーヴューハ・スートラ』の作者たちに差別意識が払拭《ふっしょく》されていないことは認めなければなりません。しかし、師の立場にあるものが弟子を礼拝するという行為自体が表す基本的な意味は、メーガ自身のことばと態度から示唆されるように、「さとりを実現しようという心を発すことが、何よりも尊い」ということにほかなりません。もう少し一般化していえば、初心こそが肝要であり、それが発されれば師によってさえ敬われる、ということなのです。メーガの行為は、「清らかな実践の章」（梵行品《ぼんぎょうぼん》）で説かれていた「初めてさとりへの心を発すときに、たちまち仏のさとりを完成する」ということばの重みをしっかりと受け止めたものとみなしてよいでしょう。

ところで、本章にはこれまで挙げてきたようなきわめて真摯《しんし》な善知識たちにまじって、特異な実践と指導をする人びとも登場します。それは、一見、仏道に反する行いに見えるところから「反道行」などと名づけられますが、第十番目の方便命バラモン、第十八番目の満足王、そして第二十六番目のヴァスミトラー女です。

このうち、まず方便命バラモンは激しい苦行の実践者で、善財童子が訪ねてくると、「良家の子よ、あなたが今、もしもこの刀の山に登り、火の海に身を投ずれば、菩薩のあらゆる実践はみな浄らかとなろう」と教えます。そこで善財童子は、人身を得ること、および諸難を離れることのむずかしさを思い、この教えは「正教」ではないとの疑念を抱きます。そのとき、もろもろの天神が虚空中にあって善財の誤りをさとします。善財はこれを聞いて歓喜し、バラモンを真実の善知識であると確信し、自らの過ちを悔います。そしてかれの説くとおり刀山に登り、火の海に投ずるや、中間にいたらないうちに菩薩安住三昧を得、火焔《かえん》にいたって菩薩寂静安楽照明三昧を得たとされているのです。

ここで善財が抱いた疑念は、まことに当然と思われます。というのは、釈尊自身が苦行を捨てて静かな瞑想によってさとりを開かれ、また『ダンマパダ』にあるように「人の身を受けることはむずかしい」と説かれているからです。しかし結局、善財童子はその疑念

**華厳五十五所絵巻**（国宝　東大寺蔵）
火焔燃え立つ高峻な山頂で火中に身を投ずる方便命バラモン
（絵巻底本の八十華厳では勝熱バラモン）の苦行に接する。

を振りはらい、まさに捨て身で方便命バラモンの教えに従うのです。「先入見を離れよ。師から仏とは瓦礫《がれき》であるといわれたら、そのとおりに瓦礫が仏であると信じよ」と説いたのは日本の道元禅師ですが、「信ずる師の勧めによって訪ねてきた人なのだから、その人の教えに従えばよいのだ」というのが、善財童子の結論だったのでしょう。深く考えさせられる話です。

次に満足王は、十八番目に善財童子が訪れた善知識です。経典によると、かれは絶大な勢力をもって満幢城を治めていた。ところが、その王法を犯すものは、あるいは手足を切られ、あるいは火にかけられるなど、ひどい苦しみを受けていた、とされます。これを見て善財童子は再び疑念を抱き、この王は「悪中の悪、第一の悪人」ではないかと考えます。そのとき天から声があり、善財童子に菩薩の方便と智慧の不可思議性が説き示されます。これによって善財童子は、頭面礼足して菩薩の道を問うことになるのですが、満足王がこのときに説く教えが幻化法門《げんけ》といわれるものです。

ここでも善財童子は、犯罪者に対する刑罰のひどさを見て、疑念を起こします。それは、満足王が「大悪逆を行じている」とかれの目に映ったからだとされますが、『ガンダーヴューハ・スートラ』などでは、その行為がまさに来世において悪の世界に堕《お》ちることが避けられないと善財童子が認識したからであると、輪廻《りんね》説を根拠としてより明確に述べられています。

死刑廃止論に代表されるように、現代の刑法理論では、刑は犯罪者の改心、ないし立ち直りをこそめざすべきものであるという考え方が強いようです。しかし、古代社会においては、「目には目を、歯には歯を」ということばがありますが、一般に犯した罪の重さに比例する刑罰を犯罪者は受けるべきものとされていました。インドでは、この考え方が、因果応報の思想によって理論化され、正当化されたわけですから、重罪を犯した者ならば、どれほど厳しい刑罰を科せられようと、それは当然の報いとして甘受されるべきものとみなされます。つまり、ここで満足王が行った重刑は、このような文脈で考えれば、王の責任ではなく、王法を犯した者たち自身が甘受すべきものなのです。ところが善財童子は、犯罪者たちの罪とその報いはまったく問題にせず、王の行為とその報いのみに目を向け、「第一の悪人」とみなしたわけです。少なくともここでの善財童子は、「知の人」であるよりも「情の人」であったといえましょう。

次に、善財童子に疑念を払拭させた天の声とは、二つの部分からなっております。第一は、満足王を指示した前の善知識、すなわち普眼妙香長者の教えを憶念するようにと語りかけ、善財童子が「常に憶念しています」と答えると、「ならば、疑い怪しむことはないではないか」とさとすものです。たしかに、ほんとうにある師を信じ、師の教えを信じたのであれば、当然、その師が指示した人物も信じられるはずです。そうでないということは、その師をも実は信じてはいなかったということです。天の声は、この点をまず鋭く指摘したのです。そして、その上で、次のように唱えます。

**善男子よ、菩薩の方便は不可思議なり。菩薩の智慧は不可思議なり。衆生を摂取するは不可思議なり。衆生を調伏《ちょうぶく》するは不可思議なり。衆生を教化するは不可思議なり。衆生を愍念《みんねん》するは不可思議なり。衆生を度脱するは不可思議なり。**

良家の子よ、菩薩の施す手立ては思いはかることができない。菩薩のもつ智慧は思いはかることができない。〔菩薩が〕衆生を摂《おさ》めとることは思いはかることができない。衆生を調伏することは思いはかることができない。衆生を教化することは思いはかることができない。衆生をあわれむことは思いはかることができない。衆生を迷いから脱け出させ、さとりの岸へと渡すことは思いはかることができない。

つまりは、菩薩のすべてのはたらきは、私たちの思念を超えている、というのです。これが具体的には、これから善財童子が訪れようとしている満足王の行いを指すものであることは、文脈上明らかです。天の神々は、善財童子に、ひたすら謙虚になって教えを受けることを勧めたのです。

こうして善財童子が受けた満足王の教えが菩薩幻化法門（『ガンダーヴューハ・スートラ』では、「幻の行い〔māyāgata〕という菩薩の解脱」）です。満足王は自分には蟻一匹でも殺そうなどという気はない。ただ、悪いことをした衆生たちを教化し解脱させるために、さまざまのひどい刑罰を仮に現し出している（化作《けさ》）のである、と語っております。衆生救済のための究極の魔術とでもいったらよいのでしょうか。それは、徹底して、菩薩の方便として遂行されているものであったのです。

第三の反道行善知識は、二十六番目に登場する遊女ヴァスミトラーです。善財童子は、師子奮迅比丘尼の教説に従って険難国に入り、「宝荘厳」という名の町にいたって彼女の所在を問いかけます。その中のある人びとは彼女の深い智慧を知らず、善財童子のすぐれた求道者としてのすがたを見て、彼女のもとへ赴くことは不必要であり、かつマイナスになると考えます。しかしその中にはまた、彼女の智慧がすぐれていることを知っている人たちがおり、善財童子の求道をほめ讃え、彼女の居所を指示します。善財童子はその指示に従い、彼女を訪ね、法を問うのです。

このヴァスミトラー女は、経典には華麗な宮宅に住む絶世の美女として描かれ、その身体から出す光に触れるものは「歓喜悦楽し、身心柔軟にして煩悩の熱を滅す」とされております。彼女は、遊女の理想態を示しているのです。

さて、ヴァスミトラーは、善財童子の請いに応じて「欲望を離れた浄らかな真実の境地」(離欲実際清浄法門)を説き示すのですが、その内容がきわめて肉感的に表現されております。すなわち、
若《も》し天、我を見ば、我、天女と為《な》る。若し人、我を見ば、我、人女と為る。乃至《ないし》、非人、我を見ば、我、非人の女と為る。形体は殊妙にして光明あり、色像は殊勝にして無比なり。若し衆生の欲に纏《まと》わるる者有りて我が所に来詣せば、其れが為に説法して皆悉《みな》欲を離れしめ、無著境界三昧を得しめん。若し我を見ること有らば、歓喜三昧を得ん。若し衆生有りて我と語る者は、無礙《むげ》妙音三昧を得ん。若し衆生有りて我が手を執《と》る者は、諸一切仏刹三昧を得ん。……若し衆生有りて我を阿梨宜《ありぎ》する者は、摂一切衆生三昧を得ん。若し衆生有りて我と阿衆鞞《あしゆべい》する者は、諸功徳密蔵三昧を得ん。

もしも天の神が私と会うときには、私は天女となる。もしも人が私と会うときには、私は女となる。ないし、もしも鬼神が私と会うときには、私は鬼神の女となる。〔その際、どの姿をとろうと、私の〕プロポーションはことさら美しく、光を発し、容姿

はことにすぐれていて、比べるものがない。もしも愛欲にまとわれて私のもとへ来る人がいたら、私はその人のために教えを説いて愛欲から離れさせ、〈何ものにも執《とら》われない境地〉を得させましょう。私に出会う人は〈喜びの境地〉を得るでしょう。私と語る人は〈妙なる声の境地〉に入るでしょう。私の手をとる人は、〈あらゆる仏の世界を訪れる境地〉に入るでしょう。……私を抱く人は〈すべての生き物を摂《おさ》めとる境地〉を体得するでしょう。私に接吻《せっぷん》する人は〈功徳の秘密の世界の境地〉に入るでしょう。

ここでは善財童子はもはや疑いを抱いてはおりません。かれはすなおによき人びとの勧めに従ってヴァスミトラーの教えを体得します。彼女の教えは、もちろん、愛欲の生活をそのまま肯定しているわけではありません。しかし、愛欲の海から逃れることのできない私たちにとって、愛欲の行為がそのままで浄化され、導きの手立てとなる道が実現されるならば、何とすばらしいことでしょうか。

付言すれば、本文中の「阿梨宜」はサンスクリット語の「抱擁」を意味することばの音写、「阿衆鞞」は「接吻」を意味することばの音写です。これらはあまりに肉感的で、中国の人びとの道徳感覚となじまなかったので、『六十華厳』の漢訳の際には、むしろ「わからなくするために」なされたことと考えられます。

## 善財童子の目覚め――弥勒菩薩の教え

このような「反道行」の善知識たちの教えをも受けながら、善財童子は、次第にその宗教的境地を深めていきます。そして、ほとんど決定的ともいえる目覚め、すなわち心の転換を果たすのが、五十二番目の師、弥勒《みろく》菩薩（マイトレーヤ）のもとにおいてなのです。

そこで、次にこの師の教えについて見てみましょう。

経の叙述によれば、弥勒菩薩は、善財童子が訪れるとまず、修行上において師、すなわち真の道の友がいかに大切であるか、さとりへの心を発すということがいかにむずかしく、尊いことであるかを懇切に説き明かします。そして、さとりへの心を発したそのときに無量の功徳が具わる、と述べ、〈盧舎那仏《るしゃなぶつ》の飾られた世界〉という大きな楼閣に入って菩薩の道を究めよ、と勧めます。そこで善財童子は、「お願いいたします。どうか門を開けて中にお入れください」と依頼します。それを聞いて、弥勒菩薩は右の指を鳴らします。すると門が自然に開き、善財童子がその中に入るや、また門は自然に閉じてしまいます。善財童子はこの楼閣の中でさまざまの事柄を経験するのですが、それは所詮《しょせん》、「菩薩の神力によって生み出されたものであり、しかもそれらは神力の中にもなく、来ているのでもなく去っていくのでもなく、積もりもしないものである」などと弥勒菩薩は教え、もう一度最初の師である文殊菩薩のもとへ赴くように指示するのです。

以上がこの一段のあらすじです。その中で楼閣内の出来事の仮構性が追究されていることは、おそらく、修行の進展の中で起こるいわゆる神秘体験がいかに深いかを示すと同時に、そうした体験が絶対視されてはならず、その空なる本質が見究められるべきことを表しているのでしょう。また、文殊菩薩への回帰が勧められていることは、菩薩道の原点が発心にあり、それゆえに、再びそこに帰り、そこから出発し直すべきことを確認しているものと思われます。ともあれ、弥勒菩薩の一節には、次の仏としての弥勒菩薩にふさわしく、大乗の菩薩道の基本構造が集約的に示されているといえるようです。

## 普賢菩薩の教え

善財童子の「よき友」として最後に登場するのは、すでにふれたように、普賢菩薩です。普賢菩薩は、自らの境地を示しつつ、善財童子を菩薩の道の完成へと導きます。しかしそれは、あまりに崇高で、残念ながらいまの私たちには、夢の中の出来事のように感じられます。けれども、普賢菩薩がしめくくりとして歌うアリアは、本章の結びでもあり、『華厳経』の教えを総括するものでもありましょう（これは漢訳二本に固有のもので、『ガンダーヴューハ・スートラ』などでは別の詩句に代ります）。それゆえ、私たちにもどうにかうなずくことができそうです。ここまでくれば、もう蛇足の解説は不要でしょう。それぞれご自分の境涯で心静かに味わってみてください。

汝等、煩悩《ぼんのう》を離れ、清浄心《しょうじょうしん》もて諦《あき》らかに聴け。仏の一切《いっさい》の行、真実の波羅蜜《はらみつ》を説かん。
諸《もろもろ》の世間を超出せる無上の調御士《ちょうぎょし》は、煩悩の垢を遠離《おんり》して、清浄なること虚空の如し。

円満なる智慧の日は、煩悩の闇を除滅し、普《あまね》く一切の法を照らし、諸の群生を安楽ならしむ。

如来は無量劫に、時に乃《すなわ》ち世に出興したもう。譬《たと》えば優曇華《うどんげ》の見難く値遇《あい》難きが如し。

普《あまね》く諸の群生《ぐんじょう》の為に苦行せること無量劫なり。諸の世間に随順するも、其の心に染著《せんじやく》無し。

時に諸の菩薩衆は、既に普賢の教えを聞き、敬心に如来の自在・真実の義を聴かんとす。

普賢は真の仏子なり。一切の行を究竟《くきよう》せり。常に仏の歎ずるところと為り、言は必ず虚《こ》妄《もう》ならず。

普賢の功徳の華は三界《さんがい》の法に染まらず。大衆を勧発して、無尽の智慧海を聴かしむ。

……

大仙は、虚空・如・自性・実際・涅槃・離欲・滅を現じたもうも、皆悉《みなこ》是れ一性なり。

衆生の心は微塵なるも、海水の滴《したたり》も数うべく、虚空も亦《ま》た量るべくも、仏徳は説くに尽くること無し。

此の法を聞きて歓喜し、信心ありて疑い無き者は、速かに無上の道を成じ、諸の仏と等しからん。

おまえたちよ、煩悩を離れ、浄らかな心ではっきりと聴きなさい。〔私は、いま〕仏の一切の行い、真実のさとりへいたる実践について説き示そう。

あらゆる世間を超越した無上の仏は、煩悩の垢《あか》を除き去り、その浄らかなことは虚空のようである。

〔仏の〕円かな智慧の日は、煩悩の闇を払い、あまねく一切の存在を照らし、すべての生きものを安楽にする。

仏は、無量の劫の間に、時として世に出現される。それはちょうど、ウドゥンバラ（優曇華《うどんげ》）の花が見がたく遇《あ》いがたいようなものである。

〔そういう仏は〕すべての生きとし生けるもののために、無量の劫の間苦行を積まれたのであり、さまざまの世間に応じて現れるが、その心には少しも執《とら》われるところがない。

時に多くの菩薩たちは、すでに普賢の教えを聞いて、敬虔《けいけん》な心で仏の自在〔なはたらき〕や、真実〔のすがた〕がどのようなものかを聴きたいと望んだ。

普賢はほんとうの仏の子である。一切の実践を究めている。常に仏に讃えられ、決して嘘はいわない。

普賢の積んだ功徳の花は、迷いの世界の存在によって汚されず、〔かれは〕人びとを励まし勧めて、限りない智慧について語り聞かせる。

……

偉大な仙人〔である仏〕は、虚空・真理・自己の本性・真実の領域・安らぎ・欲望からの離脱・〔煩悩の〕静まりなどを現されるが、それらはみな、本質的に同一である。

微塵のような〔数えきれないほど多くの〕衆生の心〔の現れ方〕も、たとい海水の一滴一滴をも数えることができ、〔広大な〕虚空をもまた量ることができるとしても、仏の徳は説き尽くせない。
この教えを聞いて喜び、信心を発《おこ》し、疑いを捨てる者は、すみやかに無上の道を完成し、仏たちと等しい〔境地に到達する〕だろう。

## 菩薩として歩む――結びにかえて

以上、『華厳経』の全体について、常に読者のみなさんとともにあることを念頭に置きつつ、私が理解できた範囲で解説を進めてきました。私はまことに『華厳経』は、現代という時代の最先端において改めて見直され、読み直されることを求められている経典であると思います。しかし同時に、『華厳経』自体の基本的主張が「菩薩として歩め」というその呼びかけにあることも忘れてはなりますまい。この点は、すでに述べたとおり、『華厳経』の中に十住・十行・十廻向《じゅうえこう》・十地の四章があり、末尾に「仏の世界に入るの章」が配されていることからも明らかでしょう。

ところが、悔やまれることですが、東アジアにおいては、この点があまり真剣に受け止められず、「清らかな実践の章」に示される「初めてさとりへの心を発すときに、たちまち仏のさとりを完成する」といった本質論だけが歓迎されてきた傾きがあります。けれども、よく考えていただければわかるように、「発心から仏のさとりへ」という着実な修行の積み重ねと、「発心が仏のさとりである」という実践の本質は、一つの事実の表と裏です。日々の地道な求道のすがたを離れて仏のさとりが達成されるわけはありませんし、実はその仏のさとりは日々の修行の持続の中で、いわば光を増しつつ一日一日、いな、一瞬一瞬に現成していくものだからです。どういう仕事でも、どういう芸でも、コツコツとした積み重ねがあって、いつのまにか修得されてきます。それと同様です。『華厳経』が力説する前記の菩薩の階梯《かいてい》それ自体は、一つのモデル、ないし標識にすぎませんが、それに学びつつ、菩薩としての自覚に立って、一歩一歩しっかりと仏道を歩んでいくこと——『華厳経』はそれをひたすら私たちに求めているように思われます。

最後に、このことに関連して述べておきたいことがあります。それは「菩薩」ということばの意味についてです。

菩薩ということばは、現在ではふつう、仏に次ぐ位のお方、私たちにはとてもできないような利他のはたらきを表されるすばらしいお方という意味に解されているようです。けれどもその原義を尋ねると、もともとは前世における修行時代の釈尊を指しており、やがて大乗仏教で転用されて、大乗の修行者一般を意味するものとなったことがたしかです。ですから、誰でも、大乗の立場で、仏のさとりを開こう、生きとし生けるものの安らぎのためにはたらこうと発心しさえすれば、みな菩薩です。文殊菩薩や観世音菩薩は、その理想的な一典型を示しているにほかなりません。「菩薩として歩む」ことは、すべての人、すべての衆生に開かれている道なのです。

私たちはこの歩みを、まずは「浄らかな行いの章」にある次の願いをもつことから始めたいと思います。

昏夜《ゆうべ》に寝息《しんそく》せば、当《まさ》に願うべし、衆生、諸行《しゅじょう》を休息して、心浄《きよ》く、穢《けが》れ無からんことを。

晨朝《あした》に覚悟《かくご》せば、当に願うべし、衆生、一切を知覚《しょぎょう》して、十方《じっぽう》を捨てざらんことを。

夜、寝るときには、衆生があらゆる活動を休めて、汚れのない浄らかな心を得るようにと願う。

朝、目覚めたときには、衆生があらゆることを正しく知って、十方の衆生を捨てないようにと願う。

このような願いをもつことこそ、『華厳経』が説く菩薩の道の原点なのではないでしょうか。

＊1　一乗は唯一・究極の教えの意。これに、すべての衆生を包み込み、さとりへと導くという包摂的側面と、その教え自体は絶対的で、その他の教えのあり方を超えているという超絶的側面との二面があるとされ、前者に同数、後者に別数の語を付して区別する。ふつう前者は『法華経』、後者は『華厳経』で代表される。

# 『華厳経』三本対照表

| 六十華厳 | 八十華厳 | 蔵訳華厳（漢訳風に翻訳） |
|---|---|---|
| (1) 世間浄眼品 | (1) 世主妙厳品 | (1) 一切世主妙厳出現品 |
| (2) 盧舎那仏品 | (2) 如来現相品 | (2) 如来品 |
| | (3) 普賢三昧品 | (3) 普賢三昧神変出現品 |
| | (4) 世界成就品 | (4) 世界海説浄方成就品 |
| | (5) 華蔵世界品 | (5) 蓮華蔵荘厳世界海清浄功徳海照明品 |
| | | (6) 世界海輪囲荘厳海説品 |
| | | (7) 世界海地荘厳説品 |
| | | (8) 国土性処説品 |
| | | (9) 世界性安住説品 |
| | (6) 毘盧遮那品 | (10) 毘盧舎那品 |
| | | (11) 如来華厳品 |
| (3) 如来名号品 | (7) 如来名号品 | (12) 如来名号説品 |
| (4) 四諦品 | (8) 四聖諦品 | (13) 聖諦品 |
| (5) 如来光明覚品 | (9) 光明覚品 | (14) 如来光明覚品 |

| | | |
|---|---|---|
| (6) 菩薩明難品 | (10) 菩薩問明品 | (15) 菩薩問明品 |
| (7) 浄行品 | (11) 浄行品 | (16) 浄行品 |
| (8) 賢首菩薩品 | (12) 賢首品 | (17) 賢首品 |
| (9) 仏昇須弥頂品 | (13) 昇須弥山頂品 | (18) 如来昇須弥頂品 |
| (10) 菩薩雲集妙勝殿上説偈品 | (14) 須弥頂上偈讃品 | (19) 須弥頂上如来神変菩薩偈讃品 |
| (11) 菩薩十住品 | (15) 十住品 | (20) 菩薩十住説品 |
| (12) 梵行品 | (16) 梵行品 | (21) 梵行品 |
| (13) 初発心菩薩功徳品 | (17) 初発心功徳品 | (22) 初発心菩薩功徳品 |
| (14) 明法品 | (18) 明法品 | (23) 明法品 |
| (15) 仏昇夜摩天宮自在品 | (19) 昇夜摩天宮品 | (24) 夜摩天宮神変品 |
| (16) 夜摩天宮菩薩説偈品 | (20) 夜摩宮中偈讃品 | (25) 夜摩天宮中菩薩来集偈讃説品 |
| (17) 功徳華聚菩薩十行品 | (21) 十行品 | (26) 功徳華聚菩薩行説品 |
| (18) 菩薩十無尽蔵品 | (22) 十無尽蔵品 | (27) 十無尽蔵説品 |
| (19) 如来昇兜率天宮一切宝殿品 | (23) 昇兜率天宮品 | (28) 如来昇兜率天宮品 |
| (20) 兜率天宮菩薩雲集讃仏品 | (24) 兜率宮中偈讃品 | (29) 兜率天宮菩薩来集偈讃説品 |
| (21) 金剛幢菩薩十廻向品 | (25) 十廻向品 | (30) 金剛幢廻向品 |

『華厳経』三本対照表

| | | |
|---|---|---|
| (22) 十地品 | (26) 十地品 | (31) 十地品 |
| | | (32) 普賢所説品 |
| (23) 十明品 | (27) 十定品 | (33) 十定品 |
| (24) 十忍品 | (28) 十通品 | (34) 神通品 |
| | (29) 十忍品 | (35) 忍品 |
| (25) 心王菩薩問阿僧祇品 | (30) 阿僧祇品 | (36) 心王所問入数説品 |
| (26) 寿命品 | (31) 寿量品 | (37) 寿量品 |
| (27) 菩薩住処品 | (32) 諸菩薩住処品 | (38) 菩薩住処品 |
| (28) 仏不思議法品 | (33) 仏不思議法品 | (39) 仏不思議法品 |
| (29) 如来相海品 | (34) 如来十身相海品 | (40) 如来身相海説品 |
| (30) 仏小相光明功徳品 | (35) 如来随好光明功徳品 | (41) 随好光明説品 |
| (31) 普賢菩薩行品 | (36) 普賢行品 | (42) 普賢行説品 |
| (32) 宝王如来性起品 | (37) 如来出現品 | (43) 如来出現説品 |
| (33) 離世間品 | (38) 離世間品 | (44) 離世間品 |
| (34) 入法界品 | (39) 入法界品 | (45) 茎荘厳品 |

# あとがき

八〇年代後半、日本経済の伸長・拡大に伴って、「モノやカネも大事だが、こころの問題を忘れてはならない」という意識が広まり、ある種の宗教ブームが起こった。書店は競って宗教書・仏教書の書棚を拡充し、あるいは新設した。しかし、数年来の宗教界・仏教界のさまざまなスキャンダルと犯罪、中でもオウム真理教関係の一連の事件を契機に、そのブームは潮が引くように去ってしまった。そして逆に、いまは、宗教、とくに仏教に対して拒絶アレルギーともいうべき現象が一般化しているとさえ思われる。

たしかに宗教は、ときに一種の「狂気」を生み出し、社会を動揺させる。それは、宗教が本質的に社会の常識や道徳とは異なる次元において成立し、しかも社会の中で活動するからである。しかし、「狂気」に見えるものも、すべてが暴力や殺人を伴うわけではない。むしろ、社会に反省を求め、覚醒《かくせい》をもたらすものもある。宗教はまさしく千差万別であり、一纏《ひとまと》めにして「よい」とか「悪い」とかいえるものではない。要はその内実が問題なのである。

ここに取り上げる『華厳経《けごんきょう》』は、仏のさとりの世界とそこにいたる実践の筋道を明らかにする大乗仏教の経典である。その中には、かぎりなく深く広い心の真実が紡ぎ出されている。私は、ふとしたきっかけでこの経典をよりどころとして形成された華厳思想の研究から研究者の生活に入った。いま振り返っても、なぜこうなったのか、よくはわからない。しかし、後悔はまったくない。かえって、『華厳経』から、またその関係文献や注釈書類から多くのかけがえのない教えを学ぶことができ、このような歩みを進めてこられたことに感謝するばかりである。

本書は、一九九四年四月から毎月一回、一年間にわたってNHKラジオ第二放送の「宗教の時間」で話した内容に手を入れ、構成の仕方も若干変更して、入門書としての体裁を整えたものである。加筆にあたっては、『華厳経』の思想の本質とその意義をわかりやすく、かつ、親しみやすい形で呈示することに意を用いた。本書が、ほんとうの仏教を知っていただき、真の生きがいと安らぎを見出《みいだ》していただくよすがとなるならば、著者としてこれに過ぎる喜びはない。

本書をまとめるにあたって、NHKエデュケーショナルの安藤都紫雄氏には放送以来お力添えをいただき、NHK出版の折方宏親氏には企画・構成の面でたいへんお世話になった。この場を借りて心からの謝意を表したい。

一九九七年四月　　木村清孝 識

# 文庫版あとがき

この度、角川学芸出版から申し出をいただき、本書を世に送り出すこととなった。日本人の「本離れ」が進みつつあるといわれ、また、「固い本は売れない」とささやかれる中、まことにありがたいことである。本書が、「カネ」に換算してすべてのものの価値をはかるという風潮に終止符を打ち、心を育《はぐく》み、大きく美しい世界にイメージを広げることの大切さを見直すきっかけの一つとなればと、切に願っている。

本書の原本は、一九九七年五月にシリーズNHKライブラリーに収める一篇として刊行された『華厳経をよむ』である。このような形で再刊していただくにあたっては、一時、原著に手を入れることも考えた。しかし、①自画自賛ながら、原著において、『華厳経』の概要はおおむね要領よく、かつ、分かりやすくまとめられていると思われること、②文庫本としての固有の制約があること、③加筆によって全体のバランスを崩してしまう恐れがあることなどから、原著の若干の誤記と誤植を訂正するとともに、少しことばを補ったり、難しい言葉にふりがなを付ける個所を増やすなど、より読みやすくする工夫を施すにとどめることとした。読者諸氏のご理解を乞う次第である。

本書の刊行は、多くの皆さんのご支援、ご助力の賜物である。とくに、「華厳経入門」と名を改め、角川ソフィア文庫の一冊とすることを承諾されたNHK出版のご関係者と、本書の刊行を企画・推進された角川学芸出版のご関係者の皆さんに、深く感謝したい。中でも、小島直人・土屋幸子の両氏は、本書の原著に着目し、中心となって文庫化の労をとってくださった。心からお礼申し上げる。

二〇一四年一一月

著者　記す

本書は一九九七年五月、日本放送出版協会より刊行された『華厳経をよむ』（ＮＨＫライブラリー）を改題、文庫化したものです。

華《け》厳《ごん》経《きょう》入《にゅう》門《もん》

木《き》村《むら》清《きよ》孝《たか》

平成27年 1月25日　初版発行
令和6年 10月30日　14版発行

発行者●山下直久

発行●株式会社KADOKAWA
〒102-8177　東京都千代田区富士見2-13-3
電話　0570-002-301(ナビダイヤル)

角川文庫 18987

印刷所●株式会社KADOKAWA
製本所●株式会社KADOKAWA

表紙画●和田三造




ISBN978-4-04-408912-2　C0115

◆◇◇

# 角川文庫発刊に際して

角川源義

第二次世界大戦の敗北は、軍事力の敗北であった以上に、私たちの若い文化力の敗退であった。私たちの文化が戦争に対して如何に無力であり、単なるあだ花に過ぎなかったかを、私たちは身を以て体験し痛感した。西洋近代文化の摂取にとって、明治以後八十年の歳月は決して短かすぎたとは言えない。にもかかわらず、近代文化の伝統を確立し、自由な批判と柔軟な良識に富む文化層として自らを形成することに私たちは失敗して来た。そしてこれは、各層への文化の普及滲透を任務とする出版人の責任でもあった。

一九四五年以来、私たちは再び振出しに戻り、第一歩から踏み出すことを余儀なくされた。これは大きな不幸ではあるが、反面、これまでの混沌・未熟・歪曲の中にあった我が国の文化に秩序と確たる基礎を齎らすためには絶好の機会でもある。角川書店は、このような祖国の文化的危機にあたり、微力をも顧みず再建の礎石たるべき抱負と決意とをもって出発したが、ここに創立以来の念願を果すべく角川文庫を発刊する。これまで刊行されたあらゆる全集叢書文庫類の長所と短所とを検討し、古今東西の不朽の典籍を、良心的編集のもとに、廉価に、そして書架にふさわしい美本として、多くのひとびとに提供しようとする。しかし私たちは徒らに百科全書的な知識のジレッタントを作ることを目的とせず、あくまで祖国の文化に秩序と再建への道を示し、この文庫を角川書店の栄ある事業として、今後永久に継続発展せしめ、学芸と教養との殿堂として大成せんことを期したい。多くの読書子の愛情ある忠言と支持とによって、この希望と抱負とを完遂せしめられんことを願う。

一九四九年五月三日